LA VOITURE QUI EN SAVAIT TROP

JEAN-FRANÇOIS BONNEFON

LA VOITURE QUI EN SAVAIT TROP

L'INTELLIGENCE ARTIFICIELLE A-T-ELLE UNE MORALE ?

humenSciences

Prolongez l'expérience avec la newsletter de Cogito
sur www.humensciences.com

ISBN : 978-2-3793-1039-3

Dépôt légal : octobre 2019

170 bis, boulevard du Montparnasse, 75014 Paris
Tél. : 01 55 42 84 00
www.humensciences.com

SOMMAIRE

1
UN THRILLER TECHNOLOGIQUE

Parfois, la science ressemble à un roman d'espionnage. En menant les recherches que je décris dans ce livre, j'ai quelquefois eu l'impression d'être un personnage de thriller technologique. Je ne parle pas d'espionnage entre scientifiques. C'est vrai, parfois, les chercheurs s'épient et se jaugent, échangent des rumeurs les uns sur les autres. Et les laboratoires dissimulent leurs progrès pour ne pas être pris de vitesse par leurs concurrents ; lesquels ne s'embarrassent pas toujours de scrupules pour *emprunter* une idée entendue lors d'une conférence, ou inconsidérément révélée à une heure tardive, après quelques verres, lorsque la prudence se relâche. Ces choses-là sont rares, mais tous les chercheurs ont au moins une histoire de ce genre à raconter. Cependant, il n'est pas question de ça ici.

Autre similitude entre la recherche et les films d'espionnage, un projet scientifique se mène un peu comme une mission d'infiltration. Un problème de recherche constitue un endroit stratégique, dont il faut percer les défenses pour s'en rendre maître. Cela nécessite un plan d'attaque et une équipe. Les membres d'un tel commando de recherche n'ont pas tous la même expérience, ni tous la même spécialité. Chacun et chacune a son domaine d'expertise propre et des talents différents. Reconnaître cette complémentarité, en faire le meilleur usage, et respecter le jugement de ses équipiers sont des conditions essentielles pour mener à bien tout projet – comme pour une action en territoire ennemi.

Enfin, comme dans tout bon roman d'espionnage, il ne faut pas faire entièrement confiance à celui qui raconte. L'histoire d'un projet scientifique est souvent floue ; les dates, les lieux et les idées se mélangent. Qui a pensé à telle piste le premier ? De qui est venue l'idée qui a sauvé le projet ? Peu importe, en fait. Un projet scientifique est la propriété de toute une équipe, et les idées des uns se construisent avec les idées des autres. L'un peut en avoir eu l'idée initiale, et l'autre l'avoir fait progresser. Mais lorsqu'il faut raconter l'histoire d'un projet, les souvenirs de celui qui raconte ne sont pas toujours exacts. Gardez ceci à l'esprit en lisant l'histoire que je vais vous raconter. Je suis un narrateur qui s'arrange parfois avec la réalité. Je n'invente rien de toutes pièces, mais je ne dis pas tout, et je suis souvent amené à composer avec des souvenirs déformés.

Au cœur de ce livre, réside une technologie révolutionnaire : la conduite autonome. Pourtant, ce n'est pas de technologie dont je vais parler, mais de morale. La voiture sans conducteur nous oblige à poser des questions nouvelles, à une échelle inédite. Les deux grandes promesses des voitures autonomes, comme on les appelle aussi, sont de polluer moins et d'avoir moins d'accidents. Elles ne pourront pas toutefois éviter tous les accidents. Ce simple constat a des conséquences vertigineuses, parce que nous allons devoir choisir à quoi ressembleront les accidents qui ne pourront être évités. Je m'explique : combien d'accidents mortels allons-nous autoriser ces voitures à avoir ? Avec quelle répartition des victimes ? Accepterions-nous que les passagers des véhicules autonomes n'aient quasiment plus d'accidents mortels, mais que les piétons et les cyclistes continuent à être tués avec la même régularité qu'aujourd'hui ? Et si une voiture autonome se trouve dans la situation dramatique où elle a le choix entre sacrifier son passager ou écraser un piéton, que doit-elle faire ? Et s'il s'agit de deux, de trois ou de quatre piétons ? Et si ce piéton est un enfant ?

Toutes ces questions sont nouvelles parce que, jusqu'ici, les humains conduisaient les voitures. Il aurait été insensé d'ordonner à des conducteurs humains de tuer moins de cyclistes, ou de se sacrifier pour sauver un groupe de piétons. Les automobilistes n'ont pas la capacité d'analyser, en une fraction de seconde, toutes les conséquences de leurs actions, et ils ne peuvent pas être programmés à l'avance. Les voitures sans conducteur, si. En fait, elles doivent même être programmées à l'avance. Et leur programmation peut changer. Si nous pensons que trop de cyclistes sont tués sur les routes, nous ne pouvons pas changer le comportement des conducteurs du jour au lendemain. Mais, dans un futur pas si éloigné, nous pourrons en une nuit, mettre à jour le code des voitures autonomes pour les rendre plus prudentes lorsqu'elles passent à proximité des cyclistes.

Tout ceci va nous amener à faire des choix dont nous nous serions bien passés. Personne n'a envie de se demander s'il vaut mieux qu'une voiture écrase trois adultes ou deux enfants.

Mais, dès lors qu'un véhicule sans conducteur est capable de compter les piétons sur la route et de distinguer les adultes des enfants, nous devons lui dire quoi faire le jour où il sera face à ce choix dramatique. Nous devons inventer une nouvelle morale, non pas à destination des conducteurs humains, qui, comme je l'ai dit, ne peuvent de toute façon pas faire des choix lucides en situation d'accident, mais pour les machines, qui en savent assez pour les faire. Plus les voitures sans conducteur auront le pouvoir d'éviter les accidents, plus elles auront la tâche de choisir les accidents qu'elles ne peuvent éviter. J'ai écrit ce livre pour éclairer ce territoire moral nouveau, peuplé de voitures qui en savent trop pour être livrées à elles-mêmes.

2

DUBAÏ, MAI 2015

Les chercheurs ont l'habitude des hôtels bon marché : il ne faut pas gaspiller l'argent public, qui sert à financer leurs déplacements. J'ai ainsi dormi dans d'innombrables chambres minuscules, parfois sans salle de bain ; une fois même dans une pièce aveugle dépourvue de la moindre fenêtre, dans un sous-sol, à proximité d'une ligne de métro dont les vibrations régulières me donnaient l'impression de dormir dans un sous-marin.

Le jour où commence cette histoire, la situation est très différente. Je suis invité pour une semaine à l'institut Masdar de l'université Khalifa d'Abu Dhabi, et mes hôtes ont bien fait les choses. Je suis logé dans un luxueux hôtel de Dubaï : le genre d'endroit où l'on boit des cocktails dans une piscine à débordement, avec vue sur le golfe Persique.

Les recherches de cet institut Masdar portent surtout sur l'énergie et l'environnement, sujets sur lesquels je ne suis pas compétent ; mais l'institut abrite également une équipe de robotique et d'intelligence artificielle, avec laquelle je suis venu travailler. Notre projet consiste alors à faire coopérer des robots et des humains dans des situations où ces derniers ont du mal à coopérer entre eux. Un robot socialement astucieux pourrait susciter et maintenir la confiance de son partenaire humain, aussi bien et même mieux qu'un autre être humain – c'est du moins ce que nous espérons. Ce projet s'est révélé particulièrement passionnant, et je continue aujourd'hui encore à en explorer les ramifications[1]. Mais il est ici accessoire par rapport à l'histoire que je raconte dans ce livre. Le plus important est que mon séjour à l'institut Masdar m'a permis de monter pour la première fois dans une voiture sans conducteur.

Le campus de l'institut dispose en effet d'un service de voitures autonomes programmées pour se déplacer d'un bâtiment à un autre, ce qui évite aux visiteurs de marcher sous le soleil de plomb des Émirats. Ces voitures se déplacent lentement, le long d'un trajet fixé à l'avance, et freinent souvent sans raison apparente, mais cela n'enlève rien à la nouveauté de l'expérience : pour la première fois, je me déplace dans un véhicule individuel sans chauffeur, ni volant. La recherche est souvent faite de hasards. Ici, le hasard a voulu que, quelques semaines plus tôt, lors d'une conférence à Amsterdam, une idée fugace me soit venue à propos des voitures sans conducteur. Cette pensée n'avait aucun lien avec la conférence elle-même. J'étais à Amsterdam pour parler d'une tout autre question : quand nous voyons le visage de quelqu'un, sommes-nous capables de prédire correctement si nous pouvons lui faire confiance[2] ?

J'avais profité de l'occasion pour déjeuner avec plusieurs chercheurs américains et européens travaillant, eux aussi, sur la question. Le repas avait été un peu tendu, car nous avions des désaccords scientifiques importants. Rien de personnel toutefois, et la conversation était donc devenue plus légère sur le chemin de retour du restaurant. C'est alors que, sur une impulsion, j'ai demandé à l'un de mes collègues si les voitures sans conducteur devraient être programmées pour tuer. Imaginez qu'un véhicule autonome se trouve dans une situation où l'accident est impossible à éviter et qu'il lui faut choisir entre deux groupes de victimes. Par exemple, un enfant ou bien cinq adultes, un homme ou une femme, une personne âgée ou un couple. Comment doit-il être programmé ? Qui doit-il sauver et, autrement dit, qui doit-il tuer ?

Cette idée n'est pas née de nulle part. Je m'intéresse depuis des années à la psychologie morale, c'est-à-dire à l'étude des processus mentaux qui nous permettent de décider qu'une action est moralement acceptable ou qu'une autre ne l'est pas. Or, la psychologie morale fait un usage immodéré de ce que l'on appelle le problème du tramway. C'est une expérience de pensée qui vise à faire réfléchir à la légitimité morale de sacrifier une personne innocente, quand cela entraîne des conséquences globalement positives[3]. Dans sa forme simplifiée, le problème se présente comme ceci : imaginez qu'un tramway est sur le point d'écraser cinq personnes, et que la seule solution pour les sauver soit de l'aiguiller sur une autre voie, où se trouve une personne qui n'aura pas le temps de l'éviter. Est-il moralement acceptable de rediriger le tramway et de tuer cette personne, sauvant par là les cinq autres ?

Il existe d'infinies variations de ce problème du tramway, et c'est ce qui en fait la beauté[4]. En modifiant minutieusement le problème, encore et encore, les psychologues parviennent à trianguler les facteurs qui guident le jugement moral et à comprendre pourquoi nous arrivons à des jugements différents. Ainsi, les hommes trouvent en moyenne plus acceptable que les femmes de sacrifier une vie pour en sauver plusieurs[5]. Est-ce à dire qu'ils seraient plus rationnels, plus enclins à surmonter leurs émotions au moment de prendre une décision difficile ? Non. Ils sont juste plus violents. Ou, pour le dire plus prudemment, ils éprouvent en moyenne moins d'aversion à l'idée de causer activement des blessures corporelles[6]. C'est pour cette même raison que les psychopathes, eux aussi, trouvent moralement plus acceptable de tuer une personne pour en sauver plusieurs[7]. Ils ne sont pas guidés par une philosophie de vie qui justifierait la violence quand elle œuvre pour le bien du plus grand nombre. Ils sont seulement plus à l'aise avec la violence, quelles qu'en soient les conséquences.

Quand les psychologues utilisent le problème du tramway, ils ne prétendent pas que cette situation soit réaliste, ou que tout un chacun soit susceptible d'y être confronté un jour. Je ne connais personne qui se soit trouvé face à la décision de diriger un tramway vers une ou cinq personnes, ni personne qui se soit trouvé sur l'une de ces voies, à la merci de la décision d'un conducteur de tramway ! L'idée qui m'avait si soudainement traversé l'esprit à Amsterdam est que les voitures sans conducteur apportaient une lumière nouvelle, et plutôt sinistre je dois l'admettre, à ce vieux problème du tramway, mais surtout qu'elles le rendaient un peu plus réaliste. Donner à un véhicule sans conducteur le pouvoir de choisir ses victimes dans une situation d'accident, c'est un peu comme donner au tramway le pouvoir de décider s'il va tuer une personne ou cinq. Et comme il y a beaucoup plus de voitures que de tramways, et que nous sommes bien plus souvent sur la trajectoire d'une voiture que sur une voie de tramway, alors… nous pourrions tous, un jour, être soumis à la décision prise en une fraction de seconde par l'algorithme de l'automobile. Autrement dit, nous pourrions tous un jour être tués ou sauvés par une machine.

Je ne savais pas (encore) si cette hypothèse de recherche était intéressante. Les chercheurs ont sans arrêt des idées, qu'ils n'ont jamais le temps d'explorer. Alors ils les testent d'abord sur leurs collègues, n'importe quand et n'importe où, en réunion, en conférence, autour d'un café… Et leurs collègues prennent rarement des gants. Parfois, ils détruisent complètement l'idée en quelques phrases. D'autres fois, ils affichent une moue silencieuse qui signifie : « Aucun intérêt. » C'est cette moue que j'ai vue apparaître sur le visage de mon collègue à Amsterdam, lorsque j'ai essayé sur lui mon idée, en regagnant le centre de conférence, après notre déjeuner. Cette histoire aurait donc dû s'arrêter là : de nombreux projets scientifiques meurent ainsi, tués dans l'œuf par une réaction dubitative. Mais c'était sans compter sur Iyad Rahwan.

3
LE RIRE DE MERLIN

Iyad Rahwan est un scientifique unique en son genre. Il a grandi en Syrie, à Alep, et a obtenu un doctorat en informatique en Australie. Il s'est rapidement imposé dans un domaine bien particulier de l'intelligence artificielle : les réseaux d'argumentation*. Cette notoriété précoce aurait pu lui assurer une carrière tranquille, mais Iyad ne goûte guère la tranquillité. Il aime la science qui bouscule, qui déstabilise, qui ne se laisse pas facilement mettre dans une case. Il casse les codes, comme on dit.

Les projecteurs se sont braqués sur lui après sa participation à plusieurs défis lancés par l'agence de recherche militaire Darpa et le département de la sécurité intérieure américaine. Ces défis relèvent de la mission impossible : trouver 10 ballons rouges dispersés n'importe où aux États-Unis[1] ; reconstituer une page de carnet déchiquetée en centaines de petits morceaux[2] ;

* Un réseau d'argumentation est une façon de représenter un ensemble de croyances qui peuvent s'attaquer ou se protéger les unes les autres. À partir de toutes ces relations d'attaque et de défense, le réseau détermine l'état du monde le plus plausible. Par exemple, si une croyance A est attaquée par une croyance B, qui n'est elle-même attaquée par personne, alors la croyance A est éliminée de l'état du monde le plus plausible.

ou bien encore repérer en moins de douze heures cinq individus cachés dans autant de villes différentes (Bratislava, Londres, New York, Stockholm, Washington D.C.) avec, comme unique point de départ, une photo de chacun d'eux[3]. La technique d'Iyad consiste à utiliser le pouvoir des réseaux sociaux pour organiser une coopération à grande échelle. En encourageant des milliers d'inconnus à se lancer dans l'aventure et à recruter les membres de leur réseau, Iyad se trouve à la tête d'une armée d'informateurs. Grâce à cette technique, l'équipe menée par Iyad a pu localiser trois des cinq « cibles » en moins de douze heures, et gagner ainsi le dernier défi. Iyad a d'autres talents, comme celui (sans pareil) de savoir juger du potentiel d'un projet ou d'une personne. Pour l'anecdote, Iyad est aussi l'un des hommes les plus élégants que je connaisse, à tout point de vue : allure, manières, intellect. Toujours parfaitement vêtu et d'une exquise courtoisie, il est tout simplement l'alter ego syrien de George Clooney dans le film *Ocean's Eleven*.

Mais revenons à Dubaï, en mai 2015. C'est Iyad qui m'a invité à lui rendre visite à l'institut Masdar. Après une journée de travail sur nos robots coopératifs, nous roulons vers Dubaï et échangeons des idées sur les nouveaux projets que nous pourrions commencer. J'ai soudainement envie de lui parler de mon idée sur les voitures sans conducteur, qui a si peu impressionné mon collègue à Amsterdam : « Et si une voiture sans conducteur ne pouvait éviter l'accident et qu'elle devait opter entre deux groupes de victimes, comment devrait-elle choisir ? »

Dans mon souvenir, Iyad rit. Ce n'est pas un rire poli, une façon de passer à autre chose. C'est plutôt « le rire de Merlin ».

Dans la légende arthurienne, Merlin a tendance à rire d'une façon qui semble inexplicable ou cruelle. Il rit de voir sa mère pleurer lorsqu'elle est menacée du bûcher ; il rit en croisant un pauvre homme qui mendie assis sur le sol. Merlin rit parce qu'il voit plus loin que les autres ; parce qu'il sait que sa mère sera sauvée, et qu'un trésor est enterré aux pieds du pauvre homme. Iyad, lui, rit avec délice, parce qu'il a compris, mieux et plus vite que moi, l'intérêt et l'étendue du problème, et qu'il se réjouit du travail qui nous attend.

Ce travail commence par ce que nous appelons, nous scientifiques, le passage en revue de la littérature. Au début, un projet de recherche est une idée dont les termes sont encore très vagues. Ce jour-là, Iyad et moi partons de l'idée qu'une voiture sans conducteur pourra un jour se trouver en situation de dilemme moral, mais nous ne savons pas encore quel dilemme, ni la question précise à laquelle nous devons répondre. Voulons-nous mesurer les préférences des citoyens ? Le caractère effrayant de ces dilemmes ? La légitimité des constructeurs automobiles pour les résoudre ? De multiples directions s'offrent à nous. Avant d'en choisir une, il nous faut analyser le contenu de toutes les revues scientifiques susceptibles de contenir une recherche sur ce sujet. Ce travail permet en particulier de ne pas s'engager dans une direction qui a déjà été explorée par d'autres.

Le passage en revue de la littérature n'est pas le moment que je préfère : il faut absorber chaque jour une tonne d'informations, avec la crainte de passer à côté d'une publication essentielle. Par exemple, les psychologues et les économistes n'emploient pas le même vocabulaire, y compris lorsqu'ils parlent de la même chose. Le passage en revue d'une littérature axé sur le vocabulaire des psychologues risque de laisser de côté des articles importants écrits par des économistes. C'est pour cela qu'un scientifique se méfie lorsque son passage en revue de la littérature ne détecte que peu de publications. La raison la plus probable pour n'avoir rien trouvé est qu'il ou elle n'a pas cherché là où il fallait !

Dans notre cas, pourtant, notre passage en revue de la littérature scientifique reste résolument vide. Nous ne trouvons aucune publication sur les choix moraux des voitures sans conducteur. Certes, il existe un nombre faramineux d'articles sur le problème du tramway. Mais, dans tous, la question est de savoir s'il est acceptable pour un humain de sacrifier une vie pour en sauver plusieurs. Or, rien ne laissait supposer que ces recherches sur les choix humains puissent être directement transposables aux machines.

La littérature scientifique semble donc silencieuse sur les dilemmes moraux des voitures sans conducteur. En revanche, nous réalisons vite que cette idée est déjà dans l'air. Elle est en particulier mentionnée par plusieurs blogs juridiques ou philosophiques. Leurs auteurs abordent le problème de différentes manières, mais un même thème revient souvent : celui du sacrifice du passager. Imaginez-vous à bord d'une voiture sans conducteur qui roule sur une route de montagne, à flanc de falaise. Au détour d'un virage, vous vous trouvez brusquement devant un groupe d'enfants au milieu de la route. La seule solution pour ne pas les écraser est de donner un grand coup de volant et de vous balancer du haut de la falaise – ce qui vous tuera à coup sûr. Est-ce que la voiture doit ainsi vous sacrifier ?

Cet aspect de la question n'a jamais été étudié dans les problèmes de tramway. Il est vrai qu'il comporte plusieurs éléments nouveaux : le sacrifice personnel, mais aussi le caractère programmé de ce sacrifice. Les usagers des voitures autonomes seraient-ils réellement prêts à circuler avec cette épée de Damoclès au-dessus de leur tête ? Accepteraient-ils d'acheter une voiture programmée pour les tuer, si les circonstances l'exigeaient ? À ce stade de notre réflexion, nous nous retrouvons face à trop de paramètres et trop d'interrogations. Il faut commencer à découper le problème en une série de questions plus simples ; en d'autres termes, définir un programme d'expériences. Et pour cette mission, nous avons besoin d'Azim.

4

LES BONNES QUESTIONS

Les espions savent que, pour comprendre ce que les autres pensent, il faut leur poser « les bonnes questions ». Les psychologues le savent aussi. C'est d'autant plus vrai quand il s'agit de sujets compliqués : si je veux comprendre vos intuitions sur la bioéthique ou la régulation des plateformes financières, mes questions devront être précises, claires et rigoureuses. Elles devront écarter tout risque d'incompréhension ou de malentendu, et ne pas vous guider insidieusement vers une réponse.

En psychologie expérimentale, choisir les bonnes questions et comment les poser est l'un des aspects du *design* de l'expérience. Une étape délicate et cruciale, car une étude mal conçue est inutile : ses résultats ne peuvent rien vous apprendre. En psychologie, les meilleurs concepteurs d'expériences sont un peu des artistes : ils ont un savoir-faire technique sophistiqué, mais aussi de la créativité et l'intuition des questions à poser. Ils sont des experts dans l'art de faire dire aux gens ce qu'ils pensent vraiment.

Iyad est un scientifique brillant, mais il n'a pas été formé à l'expérimentation. De mon côté, je sais concevoir une expérience, mais ce n'est pas ce que je fais de mieux… ni ce que je préfère. Quand nous avons commencé à travailler ensemble, quelques années plus tôt, nous avons vite compris qu'il nous fallait trouver un nouvel équipier, un vrai spécialiste de la psychologie expérimentale. La chance nous a souri, et nous avons rencontré Azim Shariff. Azim est le meilleur expérimentateur de nous trois. J'en suis même venu à adopter une règle simple : si Azim veut faire une expérience d'une certaine façon et moi d'une autre, c'est moi qui ai tort ; et nous économiserons du temps et de l'argent si je l'admets tout de suite.

Canadien au nom arabe et aux parents indiens, Azim est un homme plein de charme et d'humour. Il est le plus jeune de nous trois (trente-quatre ans seulement), et apparemment le plus séduisant, puisque l'épouse d'Iyad l'a surnommé « professeur Beau Gosse* ». Son début de carrière a été météorique, et ses travaux sur la psychologie expérimentale de la religion sont rapidement devenus une référence mondiale. Azim pense vite, séduit vite et roule vite. Le jour où il a rencontré Iyad pour la première fois, Azim a loué une voiture pour rejoindre Dubaï depuis Abu Dhabi. Un réglage malheureux faisait biper la voiture à chaque fois qu'il enfonçait l'accélérateur, ce qui arrive souvent quand on fait 140 kilomètres en ligne droite, à travers le sable. La solution d'Azim pour ne plus entendre ce bip sonore et désagréable ? Pousser à fond la stéréo de la

* Le surnom qu'elle a choisi pour moi est « Johnny Freedom » ; c'est moins glamour, mais je me console en pensant que ce pourrait être un nom de super-héros.

voiture pendant tout le trajet et dévaler le désert musique hurlante.

Toutefois, Azim n'est pas une tête brûlée. Au contraire, son rôle est souvent de nous ramener sur Terre, de nous rappeler à la réalité. Iyad est un visionnaire : quand il pense à un nouveau projet, il en imagine tout de suite la version parfaite où tout s'est passé de la meilleure des façons possibles. Moi, je suis un narrateur : quand je réfléchis à un projet, j'imagine les belles visualisations que je pourrais tirer des données, les phrases percutantes que je trouverais pour expliquer l'importance des résultats. Autant dire qu'Iyad et moi pouvons facilement perdre la tête dans les étoiles, à contempler un projet de rêve dont nous n'avons parlé que cinq minutes. Azim, lui, est plus réaliste : il voit les verrous, les difficultés, les voies de garage. Il nous met en garde contre tout ce qui pourrait mal se passer, voire être fatal au projet. Il n'hésite pas non plus à calmer nos élans d'enthousiasme et à mettre en doute l'intérêt de la dernière idée qui nous a enflammés.

Cette fois-ci, pourtant, Azim n'a aucune réserve. Comme nous deux, il est instantanément convaincu que nous devons, toutes affaires cessantes, nous consacrer entièrement aux dilemmes moraux des voitures sans conducteur. Nous voilà donc tous les trois, à l'été 2015, avec une interrogation : comment les gens veulent-ils que les voitures choisissent qui tuer, quand elles ne peuvent pas sauver tout le monde ? Nous commençons à échanger des idées, par e-mail ou par visioconférence – ce qui n'est pas si pratique : je suis en France, Azim en Californie, et Iyad fait la navette entre Dubaï et Boston, car il vient d'accepter un poste de chercheur au M.I.T. Nous jonglons sans arrêt avec les fuseaux horaires pour trouver un moment où nous sommes tous les trois disponibles et raisonnablement éveillés. Heureusement, Azim est un oiseau de nuit et nous tire souvent d'affaire en acceptant de « skyper » à 1 heure du matin. Nous ne perdons pas seulement du temps à caler nos rendez-vous : nous en passons également beaucoup à discuter de ce qui s'avérera une fausse piste. En effet, durant les premières semaines, nous sommes convaincus que le plus important est de comparer ce que les individus pensent des voitures autonomes et des conducteurs humains : veulent-ils une morale pour les machines et une autre pour les humains ?

Pour les psychologues que nous sommes, Azim et moi, cette question a quelque chose d'automatique. Nous savons énormément de choses sur la façon dont les gens jugent la moralité des autres et notre réflexe est de nous appuyer sur cette connaissance. C'est un réflexe de scientifique : on part de ce que l'on connaît, on change une chose (ici, on transforme un conducteur humain en voiture sans conducteur) et on observe l'impact de ce changement. Mais cette approche ne fonctionne pas. Vous vous souvenez, le dilemme du tramway peut être adapté aux voitures sans conducteur, mais il n'a pas de sens pour les conducteurs humains. Je vais vous dire pourquoi.

Premièrement, les humains n'ont que peu de chances de s'apercevoir qu'ils sont en situation de dilemme. Avec un peu d'imagination, on peut accepter qu'une voiture sans conducteur traite les informations suffisamment vite pour réaliser qu'un accident est imminent, que toutes les trajectoires feront des victimes, mais que certaines en feront plus, et d'autres moins. Il est peu plausible qu'un humain puisse faire cette analyse en moins d'une seconde. C'est ce que je réponds quand on me demande (et cela arrive souvent) si on connaît la fréquence des dilemmes moraux sur la route. On l'ignore, parce qu'il faudrait que les conducteurs soient capables de les détecter !

Notez que ceci n'est pas totalement impossible. Il existe des cas connus d'automobilistes qui se sont trouvés confrontés à un tel dilemme et qui ont eu le temps de faire un choix. En 1999, en Floride, un conducteur s'est trouvé face à deux adolescents, l'un ayant commencé à traverser la rue, l'autre encore sur le trottoir[1]. Le conducteur a compris que freiner ne suffirait pas et raconte avoir eu le temps de faire un choix : continuer tout droit et heurter l'un des adolescents, ou donner un coup de volant et heurter l'autre. Il a choisi de continuer tout droit, et le choc a tué le jeune garçon qui traversait la rue. Le conducteur décrit ce choix comme le plus difficile de sa vie. Dix-sept ans plus tard, il dit en garder des séquelles psychologiques. N'aurait-il pas été préférable, dans ce cas, que la voiture choisisse à sa place ?

Il existe une deuxième raison qui fait que le dilemme du tramway a peu de sens pour les conducteurs humains : même si nous étions capables de détecter que nous sommes en situation de dilemme, il est fort douteux que nous serions capables de décider à l'avance de notre réaction. Nous pourrions, vous et moi, nous installer dans de confortables fauteuils et avoir une longue discussion philosophique sur ce que nous ferions dans ce cas de figure, mais à quoi bon ? Nous savons que si cela nous arrivait, nous serions les esclaves de nos réflexes, plutôt que les maîtres de notre décision. Nous ne pouvons pas nous programmer à l'avance ; et c'est cela la différence critique. Mais nous pouvons programmer les voitures sans conducteur, et cela signifie que nous devons réfléchir soigneusement à leur programmation.

5 LA PREMIÈRE EXPÉRIENCE

Après de nombreuses discussions et de longs échanges d'e-mails, Azim, Iyad et moi parvenons à nous mettre d'accord sur les grandes lignes des expériences que nous voulons mener. Nous allons commencer par la situation la plus simple possible, directement inspirée du dilemme du tramway. Une voiture sans conducteur a le choix entre deux accidents : aller tout droit et tuer 10 piétons ou donner un coup de volant et en écraser 1. Nous décidons de poser trois questions.

Première question : quelle est l'action la plus morale ? Tourner et tuer 1 piéton, aller tout droit et en écraser 10, ou bien décider au hasard ? Je ne suis pas très enthousiaste à l'idée d'ajouter la dernière option (« décider au hasard »). Il me semble que c'est une façon d'esquiver le problème, en ne choisissant pas et en évitant l'inconfort moral de dire : « celui-ci sera sauvé, celui-là ne le sera pas » ; et je crains que beaucoup de gens ne choisissent cette réponse par facilité. Iyad et Azim me persuadent toutefois qu'il faut offrir cette réponse et voir à quel point elle séduit, quitte à l'abandonner par la suite si elle n'est choisie que par une minorité. Deuxième question : comment souhaiteriez-vous que soient programmées les voitures qui pourraient circuler là où vous vivez ? Les choix sont les mêmes : conçues pour tourner et tuer 1 piéton, pour aller tout droit et écraser 10 piétons, ou bien pour agir au hasard. Troisième question : comment souhaiteriez-vous que soit programmée votre propre voiture ? Les choix sont, là encore, identiques.

Nous ne nous attendons pas à voir de différences dans les réponses aux trois questions. Dans cette adaptation directe du dilemme du tramway, il semble plausible que les participants à l'expérience aient des préférences cohérentes. Si vous pensez qu'il est moral pour la voiture de sauver 10 piétons, alors vous souhaitez probablement que les véhicules des autres comme votre propre auto soient programmés pour le faire.

Les trois questions ont davantage d'intérêt pour la deuxième situation que nous voulons explorer. Dans ce scénario, la voiture a le choix entre aller tout droit et tuer 10 piétons, ou bien donner un coup de volant et tuer son propre passager en allant s'encastrer dans un obstacle. Dès lors, il n'est plus du tout certain que les réponses aux trois questions soient les mêmes : on peut penser qu'il est plus moral pour la voiture de sacrifier son passager, sans être altruiste au point de vouloir circuler dans une telle voiture.

Maintenant que nous sommes tombés d'accord sur les grandes lignes, nous pouvons nous partager les tâches. Azim élabore les expériences dans le détail (un long travail qui implique de nombreuses décisions minutieuses*) et lance la collecte des réponses. Iyad se plonge dans la littérature politique et juridique autour de la régulation des voitures sans conducteur, pour s'assurer que nous ne dirons pas de bêtises au moment de décrire l'importance pratique de nos résultats. Et moi ? Moi, je travaille sur un autre projet, en attendant que les données arrivent. Une de mes principales missions, au sein de notre trio, est en effet d'analyser nos données, d'en trouver la meilleure visualisation possible et d'élaborer un synopsis, une architecture pour notre article.

Lorsque les données arrivent, l'histoire qu'elles racontent est raisonnablement claire. Premièrement, dans tous les scénarios que nous avons explorés, les participants s'accordent à penser que la voiture devrait sauver le plus grand nombre. Alors que je craignais que beaucoup n'esquivent la question et se réfugient dans la réponse « la voiture devrait choisir au hasard », cette option ne recueille que peu de suffrages.

Ce résultat est plus important qu'il n'y paraît, même si nous l'avons rarement mis en avant. À chaque fois ou presque que je fais une conférence sur les dilemmes des voitures sans conducteur, quelqu'un me prend à partie et m'explique que la solution est simple : la voiture devrait choisir au hasard. Souvent, je me contente d'expliquer que cette solution est rejetée par la majorité des gens. Ce n'est pas un argument suffisant, bien sûr : la majorité n'a pas toujours raison, surtout quand le

* Pour ne donner qu'un exemple, il existe des dizaines de formats de réponses possibles à une question comme « que devrait faire la voiture ? », et les avantages et inconvénients de chacun d'entre eux doivent être examinés à la lumière des objectifs de l'expérience.

problème est complexe. Il est donc utile de comparer le cas des voitures sans conducteur à d'autres cas où l'on ne peut pas sauver tout le monde, pour voir si le choix « au hasard » semble une bonne solution dans ces autres cas.

La greffe d'organe offre un premier exemple. Il n'y a pas assez d'organes pour tous les candidats en liste d'attente. Faut-il alors décider au hasard, organiser en quelque sorte une loterie quand un organe est disponible ? Aujourd'hui, ce n'est pas ainsi que les choses se passent. Les organes sont alloués de façon à sauver le plus grand nombre de patients, par exemple, en donnant la priorité à ceux dont la vie est davantage menacée, ou à ceux qui ont la malchance d'être incompatibles avec la grande majorité des donneurs. Un deuxième exemple est fourni par les catastrophes ou les accidents de grande ampleur. Dans ces situations, le nombre de blessés est si important que le personnel médical n'a pas la certitude de pouvoir traiter toutes les victimes. Faut-il choisir au hasard qui sera soigné ? Certainement pas. La procédure consiste à *trier* les victimes, c'est-à-dire à évaluer la gravité de leur état et la probabilité de les sauver par une intervention, afin de maximiser le nombre de personnes qui s'en sortiront. Cela conduit à prendre des décisions douloureuses, comme par exemple ne pas tenter de réanimer certaines victimes quand cette tentative prendrait beaucoup de temps pour un résultat trop incertain ; alors que les sauveteurs pourraient traiter davantage de victimes plus secourables. Ces deux exemples nous montrent que lorsqu'il est impossible de sauver tout le monde, le choix au hasard ne s'impose pas comme une solution acceptable. Pourquoi alors le serait-il pour les voitures sans conducteur ?

Nos données indiquent donc que, pour la majorité de la population, les voitures sans conducteur devraient être programmées pour sauver le plus grand nombre, même si cela implique de sacrifier leur propre passager. Pourtant, et c'est le deuxième enseignement majeur de nos résultats, ces mêmes personnes qui souhaitent que les véhicules puissent choisir de tuer leur passager ne voudraient pas acheter une telle automobile : elles préféreraient acheter un véhicule programmé pour sauver ses passagers, même lorsque cela implique de sacrifier un plus grand nombre de piétons.

En général, quand je décris ce résultat, des rires indulgents secouent la salle ; des rires qui disent quelque chose comme : « Que voulez-vous, les gens sont d'incorrigibles hypocrites. » Pourtant, ceux qui ont répondu à nos enquêtes ne sont pas hypocrites : au contraire, ils sont particulièrement honnêtes ! L'hypocrisie, c'est quand quelqu'un se présente comme un parangon de vertu chrétienne tout en trompant son conjoint à la moindre occasion, ou bien dénonce publiquement l'usage du cannabis alors qu'il en consomme toutes les semaines. Les personnes qui ont répondu à notre enquête n'avancent pas masquées : elles admettent ne pas être prêtes à faire ce qui leur semble le plus moral, et donc ce qu'elles aimeraient que les autres fassent.

6 LES PREMIERS REVERS

Azim, Iyad et moi avons passé l'été à recueillir et analyser nos données, et nous voilà nous-mêmes, ironie du sort, face à un dilemme. Devons-nous continuer à enquêter, ou bien rédiger un article avec les résultats que nous avons déjà ? Pour l'instant, notre message est simple : la grande majorité des individus que nous avons interrogés, un bon millier à ce stade, pensent que les voitures sans conducteur devraient pouvoir choisir, en toute autonomie, de tuer un humain si cela peut en sauver plusieurs ; qu'elles devraient même pouvoir choisir de tuer leur propre passager ; mais ils se refusent à acheter une voiture qui pourrait ainsi un jour décider de les tuer. Ce n'est pas en soi une découverte révolutionnaire, mais nous sommes certains que ces conclusions feront beaucoup parler, ne serait-ce que parce qu'elles offriront l'occasion à beaucoup de se frotter pour la première fois à cette idée fascinante : une voiture programmée pour tuer.

À présent que nous connaissons nos résultats, il nous semble incroyable que personne n'ait encore publié un article sur ce thème. Nous avons peur d'être pris de vitesse par un autre groupe. Cela ne serait pas la fin du monde, mais les scientifiques partagent, avec les journalistes, l'amour du scoop : ils veulent être les premiers à publier une idée ou une information.

Nous décidons de viser haut. Les deux revues scientifiques les plus prestigieuses au monde sont *Nature* et *Science*. Publier un article dans l'une ou l'autre offre l'assurance qu'il sera beaucoup discuté. Dans le monde scientifique, une telle publication est l'équivalent d'une médaille olympique. Nous décidons de soumettre notre article à *Science*, car cette revue a une section particulière qui nous semble parfaitement adaptée : le « Policy Forum ». Les articles y mettent en avant des problèmes à l'intersection de la science et de la société, avec des implications pour les politiques publiques : le format idéal pour nos résultats qui ne constituent pas une avancée scientifique fondamentale, mais plutôt le début d'une conversation entre ingénieurs, citoyens et gouvernements.

Notre premier contact avec *Science* est prometteur. D'ordinaire, cette revue refuse presque tout ce qu'elle reçoit. Mais notre article n'est pas immédiatement retoqué. Nous recevons un message exprimant un certain intérêt, tout en nous demandant de diviser la longueur de notre article par trois, de détailler davantage notre méthode expérimentale et d'inclure une discussion juridique plus approfondie. Autant le dire, cela relève de la mission impossible. Mais ce que *Science* veut, *Science* l'obtient, et nous nous arrachons les cheveux à produire une nouvelle version de l'article, la plus proche possible de celle requise.

Nous renvoyons l'article et c'est la douche froide. La revue a changé d'avis, elle n'est plus intéressée. Mes camarades et moi accusons le coup, c'est une grosse déception. *Science* ne nous donne pas d'explication pour ce refus, mais cela n'a rien d'inhabituel. Quand un article est refusé à ce stade précoce, c'est-à-dire avant l'envoi à des experts qui en vérifieront les résultats, la plupart des revues se contentent d'un message générique du genre : « Merci d'avoir pensé à nous, mais nous recevons beaucoup de manuscrits et nous sommes obligés d'en refuser la quasi-totalité, même quand ils sont excellents. »

Nous décidons, sans beaucoup d'espoir, d'adresser l'article à *Nature*. Nous recevons une réponse assez inhabituelle. Les éditeurs de *Nature* ne souhaitent pas le publier, mais nous demandent de les prévenir quand il sera paru ailleurs, de façon à écrire un éditorial sur nos résultats ! Nous sommes un peu interloqués : notre article ne serait pas assez intéressant pour paraître dans *Nature*, mais suffisamment pour que *Nature* en parle ?

Nous allons de déconvenue en déconvenue. Une, puis deux, puis trois, puis quatre revues scientifiques refusent de nous publier, en donnant à chaque fois des raisons différentes, mais qui pourraient se résumer à : « Cet article ne ressemble pas assez à ce que nous publions habituellement. »

Nous commençons à regretter d'avoir été trop pressés. Avec un peu plus de patience, nous aurions pu proposer des résultats plus complets, avec une importance pratique plus grande, et augmenter nos chances d'être publiés. Notre regret est d'autant plus grand qu'entre septembre et octobre 2015, alors que notre article va ainsi de refus en refus, nous imaginons une nouvelle série d'expériences qui nous semble prometteuse. Nous nous donnons rendez-vous tous les trois à Boston, à la fin de l'année, pour faire le point et travailler à une version plus complète de notre article. Mais, toujours soucieux de ne pas être pris de vitesse par un autre groupe, nous décidons tout de même de marquer notre territoire en publiant immédiatement ce que l'on appelle un « *preprint* ». Un *preprint* est une version temporaire d'un article scientifique, qui est rendue publique avant que celui-ci ne soit soumis à une revue. Cela signifie que les résultats n'en ont pas encore été rigoureusement vérifiés par des experts indépendants, et qu'ils doivent donc être considérés avec précaution. Certains sites se sont spécialisés dans la mise en ligne des *preprints*. La raison d'être de ces *preprints* est de permettre à la communauté scientifique d'avoir connaissance d'avancées récentes, sans attendre le long processus de vérification et de publication dans une revue spécialisée. Et vu que le dépôt d'un *preprint* est daté, comme celui d'un brevet, il permet également à un groupe scientifique de revendiquer un résultat sans en attendre la publication finale.

Les *preprints* s'adressant aux spécialistes, qui sont capables d'évaluer la solidité des résultats, et non aux journalistes qui doivent attendre que les résultats soient vérifiés par des experts, le grand public n'en entend, en principe, jamais parler. Mais, cette fois-là, les choses ne se passent pas comme prévu.

7

« PROGRAMMÉES POUR TUER »

La *MIT Technology Review* est une vénérable institution. Ce magazine, fondé en 1899, paraît tous les deux mois, et offre à ses lecteurs des analyses et des reportages portant sur les innovations technologiques les plus récentes[1]. Il contient aussi une rubrique unique en son genre et plutôt pointue : « *Emerging Technology from the arXiv* » (c'est son nom) explore les *preprints* qui ont récemment été déposés sur arXiv.org, afin de découvrir des idées neuves qui pourraient intéresser les lecteurs.

Le 22 octobre 2015, nous découvrons que la *MIT Technology Review* a consacré un article à notre *preprint*[2], avec le titre provocateur : « *Why self-driving cars must be programmed to kill* » (« Pourquoi les voitures sans conducteur doivent être programmées pour tuer »). L'article est court et percutant. Nous y sommes bizarrement désignés comme « *these guys* » (« ces types »), ou comme « *Bonnefon and a couple of pals* » (« Bonnefon et deux de ses potes »). Le dilemme éthique des voitures autonomes est posé de façon claire, nos résultats sont résumés efficacement, et notre travail y gagne une certaine aura *cool* et mystérieuse.

En vingt-quatre heures, le vent tourne. D'abord sur les réseaux sociaux : nos fils Twitter sont envahis de références à l'article de la *Tech Review*. Des amis nous écrivent que des débats sur notre travail font rage sur leurs pages Facebook. Le frère d'Iyad nous signale un post à ce sujet ayant déjà attiré plus de 12 000 commentaires. Le lendemain, nous commençons à recevoir des sollicitations de la presse et de la radio. Qu'il soit écrit ici que le premier média à nous avoir contacté n'est ni le *New York Times*, ni la BBC, ni aucun journal national, mais *Ouest France*. Les demandes d'interviews s'accumulent et nous sommes perplexes. Ce n'est pas que nous ignorons tout de l'exercice : il nous est déjà arrivé à tous les trois de répondre à des journalistes à propos de nos recherches ; mais jamais à propos de résultats à l'état de *preprint*. Nous savons communiquer sur des résultats validés, vérifiés, bordés par le processus de publication ; mais nous ne savons pas comment parler au grand public d'un travail qui est seulement en cours.

Beaucoup de scientifiques se méfient de la presse. Les résultats qui sont décrits dans un article scientifique sont souvent complexes, contextualisés et nuancés. Leur formulation a fait l'objet d'une longue négociation entre les auteurs, les experts indépendants et les éditeurs de la revue, afin qu'elle laisse le moins de place possible à l'ambiguïté. Autrement dit, les conclusions ne se laissent pas facilement résumer en une phrase accrocheuse, et c'est pourtant cela que beaucoup de journalistes recherchent. Les scientifiques et les journalistes font leur métier au mieux, mais les différentes contraintes qu'ils doivent respecter les transforment parfois en chiens et chats. Et cela arrive avec des résultats solides et vérifiés ! Dans notre cas, nous ne savons même pas si, d'un point de vue déontologique, il nous est alors permis de décrire aux médias des résultats non validés par une revue scientifique. Après avoir sollicité l'opinion de nos employeurs et de nos services de presse, nous décidons d'accepter les interviews, en prenant soin d'expliquer à chaque fois à nos interlocuteurs la différence entre un *preprint* et un article scientifique.

Cette brève notoriété n'est pas désagréable, mais le vrai bénéfice est ailleurs. En une semaine, nous lisons des milliers de commentaires anonymes sur nos premiers résultats, nous faisons la liste des questions les plus fréquemment posées par les journalistes, et nous recevons de nombreux messages de chercheurs, qui nous font part de leurs réactions. Avec tout ce matériau en notre possession, en plus des nouvelles données que nous venons de recueillir, le plan final de notre article s'impose naturellement à nos yeux, ainsi que son idée centrale : le dilemme social des voitures sans conducteur.

8

DILEMME SOCIAL

Jusqu'ici, nos résultats laissent une impression d'inachevé. Les gens souhaitent que les voitures sans conducteur puissent sacrifier leurs passagers pour sauver un plus grand nombre de piétons, mais ils ne veulent pas acheter une voiture qui pourrait les sacrifier eux-mêmes. Et alors ? Grâce à tous les commentaires que notre *preprint* a suscités, nous comprenons maintenant que cette situation correspond parfaitement à ce que les économistes nomment un « dilemme social ». Sa définition formelle fait appel à des notions intimidantes, comme l'équilibre de Nash et l'optimum de Pareto, mais en substance on parle de dilemme social quand des individus ont le choix entre un acte X dit « coopératif » et un acte Y dit « égoïste », et que :

1. il est clairement préférable de vivre dans le monde où tous les individus font X, plutôt que dans le monde où tous les individus font Y. En d'autres termes, personne ne veut vivre dans un monde intégralement peuplé d'égoïstes ;
2. tous les individus gagnent pourtant à agir eux-mêmes de façon égoïste. Autrement dit, quelles que soient les actions des autres, je préfère toujours vivre dans un monde où je fais Y, que dans un monde où je fais X.

Pensez aux impôts, par exemple. Imaginez qu'à partir de l'an prochain, les impôts et prélèvements de toutes sortes soient intégralement supprimés en France. Plus de T.V.A., de C.S.G., de prélèvements à la source, plus de cotisations d'aucune sorte. Bien sûr, cela signifie aussi la disparition de tous les services publics. Finis les écoles, les hôpitaux, la police, les pompiers, l'entretien des routes ; finies les retraites ; finies les aides sociales. À moins d'avoir des opinions politiques particulièrement radicales, je suppose que vous préférez vivre dans un monde où les impôts existent et où chacun s'en acquitte suivant ses revenus, plutôt que dans un monde où ils n'existent pas. C'est la condition 1 ci-dessus.

Imaginez maintenant qu'à partir de l'an prochain, les impôts, au lieu de disparaître, deviennent facultatifs. Votre avis d'imposition vous indique le montant dont vous êtes redevable, mais il vous appartient de payer ou non cette somme. Si vous ne le faites pas, rien ne se passera et personne ne sera au courant. Dans ces circonstances, le meilleur des mondes possibles est celui où vous ne payez pas vos impôts, mais où tous les autres les paient : ainsi vous gardez votre argent, tout en bénéficiant des services publics financés par les impôts payés par la collectivité. Notez au passage que, quel que soit le nombre de personnes qui choisissent de payer leurs impôts, qu'elles représentent 1 % ou 99 %, vous avez toujours intérêt à ne pas les payer. C'est la condition 2 ci-dessus.

Mais le même raisonnement s'applique à chaque individu ! Et si tous font le choix égoïste de se soustraire au fisc, vous, comme les autres, vous vous réveillerez bientôt dans le pire des mondes possibles.

Le parallèle avec les voitures sans conducteur est frappant. Imaginez un premier monde où les véhicules prennent toujours la décision de sauver le plus grand nombre, de façon impartiale. Imaginez maintenant que toutes les voitures soient, au contraire, prêtes à écraser 30 personnes, plutôt que de mettre en danger leur passager. Si vous êtes comme la grande majorité des gens, vous préféreriez vivre dans le premier système où tout le monde est gagnant, car plus de vies sont sauvées. Pour simplifier, chacun a plus de chances d'être sauvé par la voiture d'un autre que d'être tué par la sienne. Mais chaque individu fait face à une tentation égoïste, celle de vivre dans une société où les autres voitures sont impartiales mais pas la sienne. Cette tentation est totalement compréhensible, comme celle de ne pas payer ses impôts si les impôts étaient légalement facultatifs. Sauf que si nous y cédons tous, alors nous entrons dans le pire des mondes possibles : celui où les voitures feront le plus de victimes.

Dans le cas des impôts, la solution pour se sortir du dilemme social a été de les rendre obligatoires. En fait, c'est la solution la plus classique pour résoudre la plupart des dilemmes sociaux : on interdit l'action égoïste de façon à rendre possible le monde que tous les individus jugent préférable, mais qui est inatteignable si chacun est libre de sa décision. Cela étant, on ne peut pas résoudre tous les dilemmes sociaux par un acte autoritaire : il faut mettre en balance le bien collectif et la liberté individuelle. C'est le cas des vaccins.

Pour comprendre en quoi la vaccination est un dilemme social, reprenons nos deux critères et l'exemple spécifique de la grippe. Tout d'abord, est-il préférable de vivre dans un monde où nous sommes tous vaccinés contre la grippe, ou dans un monde où personne n'est vacciné ? Pour ma part, je préfère le premier monde, et j'imagine que vous aussi. Mais se faire vacciner contre la grippe a un coût individuel, même minime. Il faut se faire prescrire le vaccin, aller à la pharmacie, stocker le vaccin le temps d'avoir un rendez-vous chez le médecin et aller se faire piquer. Tout cela prend du temps. Par ailleurs, certains ont peur des piqûres, et d'autres s'inquiètent de la possibilité d'effets secondaires, comme une douleur passagère ou un système immunitaire légèrement moins performant pendant quelques jours. Tout ceci conduit au problème suivant : si vous vivez dans un monde où tous les autres sont vaccinés, alors vous serez tenté de ne pas vous faire vacciner vous-même ; cela vous évite ce coût individuel et c'est sans conséquences négatives puisque personne ne peut vous transmettre la grippe ! Mais si tout le monde fait ce raisonnement, alors nous tombons dans la pire des situations possibles : celle où personne n'est vacciné.

Faut-il alors avoir recours à la solution autoritaire ; autrement dit, faut-il que le gouvernement rende obligatoire la vaccination contre la grippe ? Dans un sondage réalisé en 2017, près de 80 % des Français se sont prononcés contre une telle mesure[1]. Face à une impopularité aussi massive, il est difficile d'opter pour une mesure obligatoire. Qu'en est-il des voitures sans conducteur ? Si les citoyens préfèrent collectivement une société où les automobiles sauvent impartialement le plus grand nombre, mais que cela est impossible à cause du désir de chacun d'acheter une voiture qui le protège, sommes-nous prêts à laisser le gouvernement légiférer contre les préférences des consommateurs ?

9
LE MÉTATRAMWAY

Novembre 2015, Cambridge, États-Unis. Azim, Iyad et moi sommes réunis pour une semaine au Media Lab du M.I.T., où Iyad a pris ses quartiers. Le Media Lab est un endroit unique au monde : plus que nulle part ailleurs, les chercheurs y imaginent le futur, et la recherche de l'innovation technologique s'y accompagne toujours d'une réflexion profonde sur ses implications sociales et morales. On y trouve des équipes travaillant sur l'augmentation génétique, tandis que d'autres construisent les robots sociaux de demain. Le Media Lab du M.I.T. a inventé le G.P.S., mais aussi l'encre électronique de votre liseuse. On y croise des artistes, des architectes et des gens en exosquelette. Les murs transparents, les vues plongeantes sur les ateliers de robotique ou de génétique donnent l'impression de visiter le quartier général des Avengers (pour les amateurs de super-héros), ou la fabrique à gadgets de James Bond (pour les amateurs d'espionnage).

Comme ailleurs au M.I.T., les étudiants et les chercheurs sont fortement incités à développer des prototypes à partir de leurs nouvelles idées. Ces prototypes s'empilent un peu partout dans les *open spaces*, attirant le regard et éveillant la curiosité. Et comme le Media Lab encourage par ailleurs les préoccupations esthétiques ou artistiques, ces prototypes ne sont pas seulement intrigants, ils sont également beaux. L'endroit est ouvert vingt-quatre heures sur vingt-quatre, sept jours sur sept, et il n'est pas rare de le voir fourmiller d'activités au milieu de la nuit. Les étudiants qui y font leur thèse savent à quel point ils doivent rentabiliser cette opportunité, et j'en soupçonne certains de ne pas très souvent quitter le bâtiment. Nous-mêmes sommes gagnés par l'urgence : nous avons peu l'occasion d'être réunis tous les trois, et il nous faut occuper au mieux cette semaine. Alors nous discutons sans cesse, au petit déjeuner, en marchant, au Media Lab, au restaurant, et dans le penthouse d'Iyad – avec sa vue spectaculaire sur la rivière Charles et la *skyline* de Boston. Notre solide amitié nous permet de nous supporter ainsi toute la journée.

Nos nouvelles données sont claires : les personnes interrogées sont majoritairement opposées à ce qu'un gouvernement oblige les voitures autonomes à sacrifier leurs passagers pour sauver plusieurs piétons, même si elles continuent à penser que c'est ce que la voiture devrait faire, d'un point de vue moral. En fait, elles y sont presque aussi hostiles qu'à une loi qui obligerait les conducteurs humains eux-mêmes à se sacrifier pour sauver les autres. Mais ce n'est pas tout. Nos résultats montrent aussi que si les voitures sans conducteur avaient l'obligation de sacrifier leur passager au bénéfice du plus grand nombre, leurs ventes risqueraient de chuter drastiquement.

Les implications ne sont pas uniquement commerciales, elles ont aussi de l'importance pour les politiques publiques. Ce que nous venons de mettre en évidence, c'est un effet « méta-tramway », comme on l'a appelé depuis. Imaginez-vous au gouvernement, chargé de diminuer la mortalité sur les routes. Mathématiquement, et trivialement, une voiture programmée pour sauver le plus grand nombre, y compris aux dépens de ses passagers, fera moins de morts sur les routes. Il serait donc de votre devoir d'obliger les voitures sans conducteur à agir ainsi, même si cette loi est impopulaire. C'est votre solution au dilemme du tramway. Mais que va-t-il alors se passer ? Une forte proportion de consommateurs va se détourner des voitures autonomes et continuer à conduire de façon traditionnelle. Votre loi sauvera donc seulement un petit nombre de vies, parce que les situations de dilemmes sont *a priori* rares et, dans le même temps, vous aurez découragé un très grand nombre d'automobilistes d'adopter une technologie plus sûre. Et parmi ceux-là, certains provoqueront des accidents mortels qui auraient pu être évités. Bref, en voulant résoudre le dilemme du tramway de façon à épargner des vies, vous en avez sacrifié un plus grand nombre. Autrement dit, nos résultats suggèrent que, pour sauver davantage de vies, il faudra peut-être programmer les voitures autonomes… pour en sauver moins !

Ce résultat est la touche finale à notre article. Le nouveau défi, c'est où le publier, vu le nombre de refus essuyés par sa version précédente. En effet, l'usage veut qu'on ne repropose une nouvelle version d'un article que si la revue l'a explicitement souhaité. Cela améliore l'efficacité du processus de publication, en évitant que des auteurs proposent, encore et encore, leur article à une revue qui n'en veut pas et qui continue, encore et encore, à envoyer des lettres de refus. Mais nous avons le sentiment d'avoir manqué notre rendez-vous avec *Science*. L'engouement autour de l'article de la *Tech*

Review n'a-t-il pas montré tout l'intérêt que suscitait notre travail, aussi bien auprès du grand public que des scientifiques ou des industriels ? Nous décidons donc d'expliquer tout cela par courrier à *Science*, en demandant l'autorisation de soumettre la nouvelle version de notre article. Notre demande est accordée ; et après quelques mois de suspens intolérable, notre article est lui aussi accepté*.

Lorsque l'e-mail d'acceptation définitive de *Science* me parvient, je suis au cinéma avec mon fils devant *Kung Fu Panda* 3. Je ne peux pas manifester ma joie tout de suite, pas en pleine salle de cinéma, mais je savoure silencieusement ce qui restera sans doute l'un des moments les plus heureux de ma carrière. Aujourd'hui encore, si vous me voyez sourire béatement durant la scène où Po le panda apprend à culbuter jusqu'en bas de la colline, c'est parce que mon corps se souvient du bonheur que j'ai ressenti ce jour-là.

La parution de l'article est fixée à la fin du mois de juin. D'ici là, nous avons interdiction d'en parler aux journalistes ou au grand public. Mais, en découvrant la date, notre joie se transforme en profonde anxiété. Pourquoi ? Pour le comprendre, il nous faut rester en 2015, à Cambridge, et assister à la naissance de Moral Machine.

---

* Trois ans plus tard, j'apprendrai que cette décision a fait l'objet de discussions tendues au sein de l'équipe de *Science*. Notre article était et reste très atypique pour cette revue, qui publie habituellement des articles révolutionnant notre compréhension d'un phénomène scientifique. Nous ne prétendions pas apporter une telle contribution. Bien entendu, avec le recul, je pense que *Science* a pris la bonne décision en publiant notre article !

10
LA NAISSANCE DE MORAL MACHINE

Samedi 28 novembre 2015, Cambridge, États-Unis. Azim, Iyad et moi sommes assis devant notre petit déjeuner, à la boulangerie Flour. Ce n'était pas vraiment notre premier choix, mais nous avons eu du mal à trouver un endroit ouvert. Cela peut paraître bizarre, dans la mesure où tout est toujours ouvert aux États-Unis ; mais nous sommes juste après Thanksgiving, durant les quelques jours où l'Amérique entière s'arrête. Aucun de nous n'est américain ; nous continuons donc à travailler comme si de rien n'était, en refusant poliment les invitations de collègues à venir passer chez eux les fêtes de Thanksgiving.

Iyad veut parler de sa nouvelle idée : un site Internet qui permettrait d'avoir une expérience interactive des dilemmes éthiques posés par les voitures sans conducteur et d'en explorer les innombrables variations. Dans les expériences que nous avons menées jusqu'ici, nous décrivions les accidents en termes très abstraits : la voiture a le choix entre tuer « 1 passager » ou « 10 piétons ». Nous ne donnions pas d'autre information que le nombre de victimes. Si nous décrivions plus en détail chacune d'elles, par exemple « une petite fille », « un médecin âgé » ou « une femme enceinte », observerions-nous toujours une préférence aussi forte pour sauver le plus grand nombre ?

Nos données contiennent déjà une information intéressante. Nous avons, une fois, proposé un scénario où l'automobile devait choisir entre tuer 20 piétons ou bien sacrifier ses 2 passagers : 1 adulte et 1 enfant. Dans cette version, nous avons observé que les participants avaient des préférences bien moins fortes que d'habitude, comme si la vie d'un enfant *pesait* autant que celle de plusieurs adultes. Pour aller plus loin, il nous faudrait composer des scénarios de dilemmes mettant en scène des personnages aux multiples caractéristiques. Une femme enceinte qui traverse au rouge ou trois hommes âgés qui traversent au vert ? Un couple de médecins dans sa voiture ou une petite fille sur son vélo ? Et ainsi de suite. Le problème, c'est qu'à varier ainsi les personnages, le nombre de dilemmes possibles devient astronomique. Si nous nous retrouvons avec un milliard de scénarios (et on y arrive vite), il n'y aura pas assez d'habitants sur la planète pour répondre à notre étude…

L'idée d'Iyad est de fournir aux visiteurs de notre site un outil leur permettant de créer eux-mêmes les scénarios qui leur semblent intéressants. Autrement dit, de nous aider à construire les scénarios, plutôt que de simplement y répondre ! Cette démarche se rapproche de ce que l'on appelle la « science citoyenne » ou « science participative ». Elle consiste à faire appel au public pour exécuter une tâche qui aide la recherche scientifique. Par exemple, le projet Journey North propose aux citoyens de transmettre leurs photos ou observations de diverses espèces, afin d'en retracer les migrations saisonnières[1]. De même, le projet Galaxy Zoo demande à tout un chacun de passer en revue des photos de galaxies, parmi les centaines de milliers disponibles dans les archives du télescope Hubble, et d'en décrire la forme[2]. Le cerveau humain est plus efficace qu'un ordinateur pour cette tâche, et les descriptions ainsi récoltées permettent de modéliser l'histoire de ces galaxies.

Nous commençons donc à imaginer à quoi pourrait ressembler notre site Internet. Nous voudrions que les visiteurs puissent interagir avec la carte d'une petite ville, dans le même genre que celles des jeux de gestion comme *SimCity*, *FarmVille*, ou *Clash of Clans*. Ils pourraient en redessiner les routes, ajouter des feux rouges et des sens interdits, et disposer les victimes de leur accidents, choisies parmi un grand nombre de personnages. Ces « cartes » d'accident seraient alors proposées aux autres utilisateurs, qui pourraient voter pour les plus intéressantes. Avec l'autorisation d'Iyad, je reproduis ici la toute première page des notes qu'il a prises ce jour-là sur ce projet, dont le nom était encore « Moral Maker ». J'ai également repris la page opposée du carnet, pour montrer, qu'en plus de toutes ses qualités, Iyad est un remarquable dessinateur*.

---

* Sur les murs du bureau d'Iyad, on peut voir deux magnifiques portraits dessinés de sa main : John von Neumann, l'un des plus extraordinaires mathématiciens de notre temps, mais aussi l'un des membres du Projet Manhattan, qui a développé l'arme nucléaire ; et Stanley Milgram, le psychologue qui a mené ce qui est sans doute la plus célèbre des expériences comportementales. Vous en avez forcément entendu parler, c'est celle qui a montré à quel point les gens peuvent se plier à l'autorité d'un scientifique qui leur demande d'infliger des chocs électriques à un autre individu. Je n'ai jamais demandé à Iyad pourquoi il travaillait sous la surveillance de

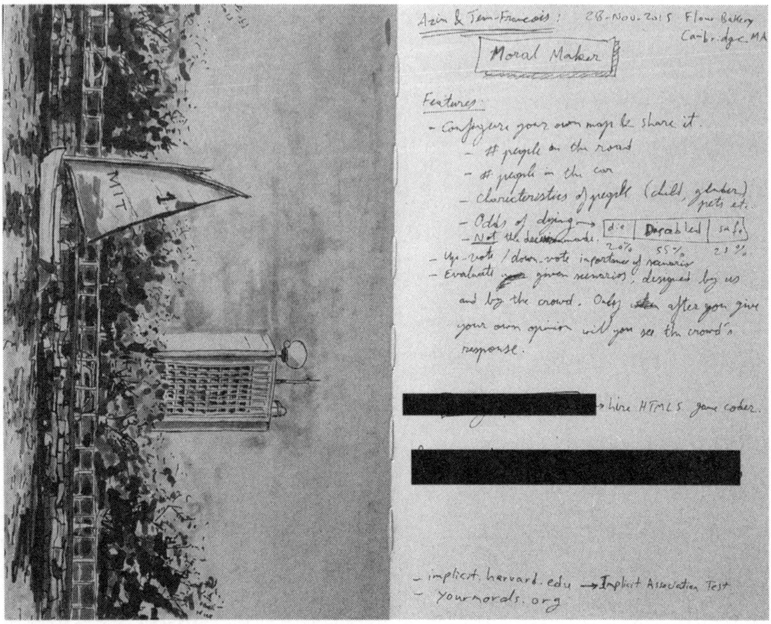

Nous envisageons même de solliciter des invités de prestige pour leur demander de créer le scénario qui leur semble le plus difficile ou le plus important. Quel scénario pourrait bien créer un philosophe comme Peter Singer*, une personnalité politique comme Barack Obama, ou un leader religieux tel que le pape ? Vous l'aurez deviné, nous voyons grand ce matin-là et nous ne tarderons pas à revoir nos ambitions à la baisse. Mais, pour l'instant, il nous faut trouver à qui confier ce projet

---

ces deux figures tutélaires, mais j'imagine qu'elles sont là pour lui rappeler à tout moment la responsabilité éthique qui est celle de tout scientifique.

* Peter Singer est un professeur de bioéthique qui est mondialement connu pour ses écrits défendant la cause animale ; mais il est aussi le plus grand défenseur moderne de l'éthique « utilitariste », qui cherche à toujours faire le plus grand bien du plus grand nombre.

naissant : aucun de nous n'a le temps, ni les compétences, pour développer un site Internet au croisement de la philosophie morale et du jeu de gestion. C'est l'occasion d'agrandir notre équipe, et de recruter Edmond et Sohan.

Lorsque nous nous lançons dans la conception de ce qui deviendra Moral Machine, Edmond Awad et Sohan Dsouza sont respectivement en postdoctorat et en thèse, dans le groupe d'Iyad au M.I.T. Je connais déjà un peu Edmond. Comme Iyad, Edmond est syrien et, comme Iyad, il a planché lors de sa thèse sur la logique des réseaux d'argumentation. Certaines parties de son étude lui ont demandé d'analyser le comportement humain, et je lui ai donné quelques conseils d'expérimentation et de statistiques à cette occasion. Il m'a impressionné par sa puissance de travail, et par la rapidité avec laquelle il a assimilé des techniques qui lui étaient totalement étrangères. Ces qualités vont lui être plus que nécessaires, car il est amené à devenir le maître d'œuvre de notre projet. Malgré son physique de lutteur, Edmond est d'une grande douceur et son calme inébranlable sera essentiel face à la pression. Je connais moins bien Sohan, même si j'ai entendu dire qu'il était comédien de stand-up à ses heures perdues. Plus important, il a déjà une bonne expérience de développeur web, dans le monde de la recherche comme dans le privé. De façon plus imprévue, Sohan ne tardera pas à faire aussi preuve d'un certain talent pour le design graphique, ce qui aura une influence importante sur l'identité visuelle du site.

Durant les mois de janvier et février, Edmond et Sohan travaillent dur pour élaborer un prototype de notre Moral Maker. Le projet se révèle vite très complexe, peut-être trop. Le site a besoin de très nombreuses fonctionnalités qui rendent son utilisation difficile. Nous commençons à nous demander si le jeu en vaut la chandelle. Plus inquiétant encore, nous réalisons que cette complexité va à l'encontre de notre objectif principal, qui est d'attirer le plus grand nombre possible d'utilisateurs afin de recueillir le plus de données. Nous consultons des spécialistes en viralité, créateurs de sites et d'applications, concepteurs de campagnes médiatiques sur les réseaux sociaux, et leurs remarques ne sont pas encourageantes. Ils nous préviennent que moins de 5 % de nos visiteurs seront suffisamment motivés pour utiliser notre outil de création de scénarios, et se montrent pessimistes quant à la probabilité que notre site soit massivement partagé sur les réseaux sociaux.

Iyad prend acte de toutes ces difficultés et nous propose de revoir complètement notre stratégie. Premièrement, nous devons mettre en retrait l'outil de création de scénario et le simplifier drastiquement. Deuxièmement, il nous faut recentrer le projet autour d'une expérience d'utilisateur plus simple, plus facile d'accès : une interface qui présente côte à côte deux accidents possibles et qui demande uniquement à l'utilisateur de choisir celui qui est préférable. Nous repartons à zéro avec cette nouvelle approche. Cela nous demande de choisir un nouveau nom pour le site : « Moral Maker » était adapté pour un site où l'utilisateur *fabriquait* un dilemme moral, mais ne convient plus si la plateforme lui demande uniquement de choisir ce qu'une voiture sans conducteur devrait faire. Nous imaginons, puis éliminons des noms plus ou moins euphoniques, comme « Moral Car », « Moral Court », voire « Scrupulous Car », avant qu'Edmond ne fasse l'unanimité en proposant « Moral Machine ».

Restent à résoudre deux problèmes principaux. Tout d'abord, choisir une stratégie d'exploration de tous les cas de figures possibles. C'est nous et non plus les utilisateurs qui générons les scénarios et, si nous nous contentons de les créer au hasard, nous ne pourrons jamais avoir des données exploitables, car ils se compteront par centaines de millions, et nous n'aurons jamais assez de visiteurs pour les évaluer tous. Deuxièmement, il nous faut imaginer le « miroir » que nous allons tendre aux utilisateurs. L'une des personnes que nous avons consultées, qui a fondé un site très connu, a insisté sur ce point : pour que les utilisateurs apprécient leur expérience, et recommandent Moral Machine à leurs amis, il faut que le site leur dise quelque chose d'eux-mêmes ; un peu comme le portrait que dresse de vous le test d'un magazine. À partir des réponses données par les utilisateurs, le site doit essayer d'extrapoler certaines de leurs caractéristiques, et leur présenter ses conclusions d'une façon ludique et visuelle, qui donne envie d'être partagée.

Après de nombreux échanges, c'est encore une fois Edmond qui trouve la solution. Il réalise que nos deux problèmes n'en sont en réalité qu'un. Nous devons tout d'abord identifier un certain nombre de dimensions susceptibles de peser dans les choix des gens : par exemple, le sexe des personnages, leur âge, leur nombre, et ainsi de suite. Nous devons ensuite définir un algorithme de génération des scénarios qui nous permette, au fur et à mesure de la collecte des données, de déterminer statistiquement le poids respectif de chaque dimension dans les choix des utilisateurs. Chaque utilisateur, après avoir répondu à un certain nombre de scénarios, pourra comparer l'importance de chaque dimension dans ses réponses, et celle de chaque dimension dans l'ensemble des réponses collectées jusque-là. Comme il n'aura répondu qu'à un petit nombre de scénarios, ses préférences ne pourront être que très grossièrement calculées ; en fait, si grossièrement qu'il est presque certain que l'utilisateur sera en désaccord avec le miroir. Mais le plus important, c'est que si beaucoup (beaucoup !) de personnes visitent le site, le poids de chaque dimension pourra être calculé avec précision à l'échelle de la population.

11

UNE COURSE CONTRE LA MONTRE

À présent, nous tenons le principe de base de Moral Machine, mais tout reste à faire, et nous avons une échéance. Notre article dans *Science* va paraître le 24 juin, et nous voulons que le site de Moral Machine soit opérationnel à cette date. En effet, nous espérons que la publication sera très largement discutée dans les médias. Si nous sommes prêts à temps, nous pourrons encourager les journalistes à mentionner le site dans leurs articles, et donner par là un énorme coup de pouce au lancement de notre projet.

Nous avons donc un concept et une date limite, mais rien de plus. Il nous faut commencer par sélectionner nos variables, c'est-à-dire les différentes dimensions morales des dilemmes que nous allons offrir aux utilisateurs. Si vous n'avez jamais visité moralmachine.mit.edu, je vous conseille de le faire maintenant. Cela vous donnera une idée du produit fini et vous aidera à comprendre les choix que nous avons faits. Nous nous mettons d'accord pour explorer neuf dimensions morales :

1. Le nombre de personnages : préférez-vous sauver le groupe le plus nombreux ?
2. Le sexe des personnages : préférez-vous sauver les hommes ou les femmes ?
3. L'âge : préférez-vous épargner les bébés, les enfants, les adultes ou les personnes âgées ?
4. L'état de santé : préférez-vous sauver des personnes en bonne forme physique* ?
5. Le statut social : préférez-vous épargner des individus au statut social plus élevé ?
6. L'espèce : préférez-vous sauver les humains ou les animaux ?
7. La situation sur la route : préférez-vous sauver les passagers ou les piétons ?
8. La légalité : préférez-vous sauver les piétons qui traversent légalement ou sacrifier ceux qui traversent illégalement ?
9. Le *statu quo* : préférez-vous ne rien faire, et laisser la voiture continuer tout droit, plutôt que de la faire dévier ?

Le choix de ces dimensions a fait l'objet de beaucoup de débats entre nous. Certaines s'imposaient d'évidence au vu de nos premiers résultats, comme le nombre ou l'âge des personnages. D'autres ont été retenues pour des questions de

* Cette dimension a été la plus difficile à mettre en œuvre. En effet, chaque personnage de Moral Machine doit prendre à peu près la même place sur l'écran (pour des raisons pratiques) et doit être facilement identifiable au premier coup d'œil. Avec ces contraintes, il n'est pas facile de trouver des icônes de personnages en « bon » ou « moins bon » état de forme. Après divers essais, nous avons choisi de montrer des joggeurs athlétiques et des personnes en surpoids.

viralité. Ainsi, environ 15 % des scénarios de Moral Machine demandent de trancher entre des humains ou des animaux (chiens et chats). Nous nous attendions bien sûr à ce que les utilisateurs aient une très forte préférence pour sauver des humains, et consacrer 15 % des données à le montrer peut sembler inutile. Mais comme sur les réseaux sociaux, pour avoir un post très partagé, il faut montrer des chiens et des chats, nous avons fait le pari que les internautes partageraient plus facilement des captures d'écran montrant les scénarios de chiens et de chats, attirant ainsi de nouveaux utilisateurs. Et c'est exactement ce qui s'est passé.

D'autres dimensions peuvent paraître provocantes, comme le choix de présenter des personnes aux statuts sociaux différents, plus précisément des cadres et des sans-abris, ou des individus *en forme* (des joggeurs) et d'autres *moins en forme* (en surpoids). Nous avons été critiqués pour ces raisons, quand le site Moral Machine est devenu viral. On nous a accusés par exemple d'encourager la discrimination contre les sans-abris et les obèses. Nous avons rongé notre frein, car nous ne pouvions pas en expliquer les raisons tant que la collecte des données était encore en cours. Ce que nous aurions voulu dire à ce moment-là à nos détracteurs, c'est que nous voulions être plus tard en mesure d'expliquer pourquoi il ne fallait pas aveuglément suivre nos résultats pour programmer les voitures sans conducteur. Nous nous attendions à ce que nos données montrent un biais contre les personnes sans abri, et nous comptions nous servir de ce biais comme d'un exemple frappant d'une préférence qui ne pouvait pas être suivie aveuglément. Autrement dit, nous avions choisi des exemples provocants, justement pour mettre en garde contre les discriminations ! Mais l'expliquer publiquement alors que les données étaient en train d'être recueillies aurait faussé notre expérience. Nous sommes donc restés silencieux. J'y reviendrai un peu plus tard.

Parfois, au contraire, on nous a reproché l'absence de certaines caractéristiques, comme l'origine ethnique des personnages ou leur religion. Là encore, ce choix était délibéré : nous craignions que des groupes hostiles à certaines origines ethniques ou religions ne s'organisent pour venir en masse fausser nos résultats. Nous ne saurons jamais si cette précaution a été utile, mais elle nous semblait nécessaire. De fait, nous avons observé certains comportements dérangeants parmi les utilisateurs du mode « création » de Moral Machine – celui qui permet de créer ses propres scénarios de dilemmes moraux en glissant-déposant les personnages sur la route et de leur donner un titre. Certains intitulés, par exemple, étaient ouvertement racistes, et nous avons fait de notre mieux pour les détecter et les supprimer.

Pendant les premiers mois de l'année 2016, nous consacrons donc beaucoup de temps au design graphique des scénarios. Au début, nos personnages sont plutôt réalistes et détaillés, afin qu'ils soient bien identifiables. Les utilisateurs ont la possibilité de cliquer sur un bouton pour obtenir des descriptions textuelles mais, idéalement, il faudrait que ces explications soient inutiles, et que les stéréotypes soient identifiables au premier coup d'œil. Nos essais sont décevants. Il apparaît clairement que le site aura une apparence plus lisible si les personnages sont épurés. Sohan nous permet de faire un pas décisif en trouvant le juste équilibre dans le détail des personnages, et les graphistes que nous recrutons font un excellent travail à partir de ses esquisses. Voici, par exemple, comment sont représentés la petite fille, la cadre, le chat, le joggeur, et la femme enceinte :

C'est également Sohan qui a l'idée d'utiliser un code couleur simple pour visualiser les scénarios : les éléments de terrain (comme la route, les bordures, le marquage au sol) sont gris, les objets importants pour le scénario (la voiture, les obstacles, les feux de circulation) sont bleus et les personnages sont rouges. Le rouge, signe de danger, semble être une excellente façon de mettre en avant les personnages comme des victimes potentielles. Après de nombreux réglages portant sur la dimension des personnages et l'angle sous lequel est vue la scène, nous obtenons un résultat qui nous satisfait.

Mais le travail est loin d'être terminé. Il faut finaliser le mode « création », mettre en place la possibilité de commenter les scénarios, et bien d'autres tâches encore. Et il faut faire vite : le site doit être finalisé, puis traduit. L'un de nos objectifs les plus ambitieux est en effet d'attirer des utilisateurs du monde entier, pour examiner de possibles différences culturelles dans leurs choix. Mais, pour cela, Moral Machine doit être disponible dans le plus de langues possible afin de ne pas nous limiter à la population anglophone. Au final, le site sera disponible en dix langues (allemand, anglais, arabe, chinois, coréen, espagnol, français, japonais, portugais et russe), mais toutes ne seront pas prêtes pour le jour du lancement…

Une semaine avant la *deadline*, Moral Machine fonctionne, mais Edmond et Sohan n'ont toujours pas terminé le mode « création ». Sohan est convaincu que quelques jours suffiront et il persuade Edmond d'y travailler en urgence. Tous deux se mettent à reprogrammer le site, mais… par un caprice cosmique ou en vertu de la loi de Murphy, leurs modifications font *crasher* la plateforme, et ils ne parviennent plus à la refaire fonctionner. Mes deux camarades passent soixante-douze heures sans sommeil, et sans succès, à essayer de régler le problème. Après des centaines de recherches sur Google, Edmond a une illumination : puisque leurs recherches très sophistiquées ne donnent rien, il leur faut saisir les mots les plus simples possibles. Ils utilisent la plateforme Meteor (ne me demandez pas d'expliquer ce que c'est, j'en suis incapable), et elle *crashe*. Edmond tape donc « meteor crash » dans son moteur de recherche, appuie sur « Entrée », et… obtient une pleine page d'images montrant des dinosaures en train de périr sous une pluie de météorites. L'absurdité de la situation et le manque de sommeil ont raison de Edmond et Sohan, qui partent dans un fou rire hystérique de plusieurs minutes. C'est ce dont ils avaient besoin. Nos deux amis retrouvent un second souffle et arrivent à résoudre le problème en quelques heures ! Nous sommes enfin prêts. Aussitôt, nous partageons une version bêta du site web avec les journalistes qui ont reçu le dossier de presse préparé par *Science* et nous faisons les derniers préparatifs pour le jour fatidique.

12
LE JOUR J

Le 24 juin, jour de la sortie de notre article dans *Science*, je suis au Canada pour une école d'été organisée par l'université du Québec, à Montréal. Les organisateurs ont invité plus de cinquante spécialistes du raisonnement (psychologues, neuroscientifiques, philosophes, linguistes ou logiciens), pour une série de conférences à destination d'un large groupe d'étudiants en thèse, venus du monde entier. Je dois y expliquer les mécanismes du raisonnement qui porte sur des choses que nous jugeons désirables ou indésirables. Je connais la plupart des autres intervenants, et beaucoup sont des amis. En temps normal, j'aurais assisté à leurs présentations et j'aurais eu plaisir à discuter avec les étudiants entre deux cours. Mais, cette fois-ci, j'ai des caprices de diva.

Science a organisé une conférence de presse par téléphone pour la sortie de notre article, de façon à ce que Azim, Iyad et moi puissions répondre aux médias, sans avoir à nous trouver physiquement au même endroit. Une vingtaine de journalistes pourront poser leurs questions et beaucoup d'autres écouteront les échanges, sans possibilité d'intervenir. Les médias ont déjà commencé à nous solliciter pour des interviews individuelles et je me trouve devant un agenda rempli sur deux jours. Je préviens les organisateurs de l'école d'été que je serai indisponible durant mes trois jours à Montréal et je pousse le bouchon jusqu'à leur demander un bureau tranquille pour donner la conférence de presse et les interviews. Heureusement, ils me connaissent bien, ce qui m'évite de passer pour un cuistre…

La conférence de presse est assez intense. Comme nous ne sommes pas dans la même pièce, il est difficile de nous coordonner pour répondre aux questions. Azim, Iyad et moi nous sommes mis d'accord sur une division approximative du travail : l'un répondra aux questions sur la motivation de notre recherche, l'autre sur nos résultats, le troisième sur leurs implications. Mais ce système a ses limites. Heureusement, avant la conférence, nous avons ouvert une session de messagerie instantanée et, pendant que chaque journaliste formule sa question, nous votons rapidement pour savoir qui lui répondra. Une seule fois, nous ne parvenons pas à nous décider, et un long et lugubre silence suit la question, avant que la modératrice de *Science* ne passe à la suivante.

À midi, les premiers articles de presse commencent à paraître dans les grands médias internationaux, avec des liens vers Moral Machine qui voit ainsi arriver ses premiers visiteurs. Edmond et Sohan, dans un avion en route pour Washington D.C., surveillent le site grâce au wi-fi disponible à bord. Lorsque l'avion commence sa descente, ils sont obligés de se déconnecter pour une dizaine de minutes. Une fois l'appareil posé, ils rallument leurs téléphones… et leur visage se fige. Leurs écrans sont constellés de notifications : appels manqués, SMS, messagerie interne de l'équipe ; toutes leurs applications sont décorées de petits points rouges. Iyad a tenté par tous les moyens de les joindre. Le site a planté. Les visiteurs affluent et tombent sur un message d'erreur ; pire encore, le *New York Times* menace de retirer le lien vers Moral Machine dans son article, si le problème n'est pas réglé d'urgence !

Edmond et Sohan sautent dans un taxi, mais ils ne verront rien de la ville durant les quarante minutes de trajet vers l'hôtel. Tête baissée sur leur écran, téléphone vissé à l'oreille, ils se battent pour trouver une solution. Une fois arrivés à l'hôtel, ils ne prennent pas le temps de monter dans leurs chambres ; ils continuent à travailler frénétiquement dans le hall. Pour parer à l'urgence, un *hack* est trouvé afin que le site redémarre automatiquement à chaque plantage. Cette solution n'est pas faite pour durer : elle nous fait perdre des données et ne tiendra pas quand les visiteurs se feront plus nombreux. Dans les vingt-quatre heures qui suivent, Edmond et Sohan bataillent pour absorber l'afflux toujours grandissant de visiteurs. Nous ne les aidons pas vraiment : Azim, Iyad et moi donnons une cinquantaine d'interviews, et les articles sur notre travail fleurissent un peu partout dans le monde. Nous sommes abasourdis par le volume des papiers et leur impact sur les réseaux sociaux. Nous découvrons à cette occasion le site altmetric.com qui mesure l'impact médiatique des articles scientifiques parus depuis 2011. En quelques jours, notre travail atteint le top 0,01 % des millions d'articles recensés. En prime, de très nombreux journaux et sites Internet mentionnent le site Moral Machine, et encouragent leurs lecteurs à le visiter pour explorer plus en profondeur les dilemmes des voitures sans conducteur. Ce que nous espérions est en train de se réaliser.

En quelques jours, Moral Machine récolte un demi-million de réponses, du jamais-vu pour une expérience de psychologie morale. Nous sommes tous soulagés : même si les choses s'arrêtaient là, nous pourrions déjà écrire un nouvel article avec un jeu de données d'une taille inaccoutumée. Pourtant, nous sommes alors loin d'imaginer ce qui va se passer…

13
L'EMBALLEMENT

Rapidement, le compteur des visiteurs s'affole. Nous réalisons qu'une grande partie de notre trafic vient de YouTube : de nombreuses personnes se filment en train de *jouer* à Moral Machine, en partageant leurs hésitations devant les dilemmes que le site génère. Comme les dilemmes changent à chaque visiteur, chaque vidéo est différente ; et il en existe à ce jour des centaines, peut-être des milliers, qui ont accumulé plus de 20 millions de vues ! Un soir, l'une d'elles attire tellement de visiteurs que nos serveurs ont du mal à suivre : le youtubeur PewDiePie (vidéaste et comédien suédois aux dizaines de millions d'abonnés) vient de poster sa vidéo intitulée « AM I A GOOD PERSON ? », le montrant en train de répondre aux questions de Moral Machine[1]. PewDiePie, si vous me lisez, merci !

Et encore, rien de comparable avec le jour où Moral Machine a fait la une de Reddit. Ce forum de discussion rassemble chaque mois des centaines de millions de membres, ce qui en fait l'un des dix sites les plus visités au monde. Il est divisé en plus de 10 000 sous-sites, chacun correspondant à un thème particulier, comme r/SelfDrivingCars pour les voitures sans conducteur, ou r/MCU pour les amateurs des films Marvel. Quand un utilisateur poste un commentaire, les autres peuvent lui donner des *upvotes* (lorsque le contenu est intéressant) ou des *downvotes* (quand il ne l'est pas). Si un commentaire reçoit beaucoup, vraiment beaucoup de *upvotes*, et qu'il les reçoit très vite, il a une chance de terminer sur la page d'accueil de Reddit, qui est en quelque sorte la vitrine d'Internet.

Le jour où Moral Machine atteint la page d'accueil de Reddit, un demi-million de visiteurs déferlent sur notre site, et… nous ne sommes pas prêts à les accueillir. Non seulement nous n'avons pas assez de bande passante pour autant d'utilisateurs en même temps, mais la base de données que nous avons réservée pour enregistrer les réponses se remplit à toute vitesse, si vite en fait qu'elle se rapproche dangereusement de la saturation. Edmond et Sohan réalisent que nous sommes sur le point de perdre des centaines de milliers de visiteurs et des millions de réponses, parce que nous n'avons pas prévu assez de ressources. La solution, bien sûr, est d'acheter dans l'urgence de la bande passante et de la mémoire ; mais les dépenses de recherche ne peuvent pas s'engager dans l'urgence ! Elles doivent être examinées et validées par les administrations compétentes, et passer par un complexe circuit de signatures. En France, commander un simple ordinateur peut prendre plusieurs semaines… Certes, nous sommes au M.I.T., où les délais sont plus courts mais, même au M.I.T., il est impossible de débloquer des milliers, voire des dizaines de milliers de dollars en moins d'une heure. J'aimerais pouvoir vous raconter comment Edmond et Sohan ont réalisé l'impossible ; mais j'ignore par quel miracle ils ont remis Moral Machine à flot ce jour-là, et ils veulent garder le secret.

Au vu du succès de Moral Machine, de nombreux utilisateurs nous écrivent spontanément pour nous faire part de leurs commentaires, mais surtout de leurs critiques. Ils sont beaucoup, par exemple, à regretter de ne pas pouvoir choisir ce qui leur semble être la meilleure solution : la voiture devrait pouvoir freiner et ne tuer personne. Ils ont raison, bien sûr, ce serait le meilleur choix ; mais l'expérience en perdrait sa raison d'être. D'autres, comme je l'ai déjà dit, se disent choqués par les scénarios, lorsqu'ils ont à choisir entre tuer un homme et une femme, ou encore entre un joggeur et une personne en surpoids ; des facteurs, qui, écrivent-ils, ne devraient pas être pris en considération. Certains, à l'inverse, s'étonnent de l'absence de certains critères tels que l'origine ethnique ou la religion. Nous avions, comme je l'ai expliqué précédemment, choisi très tôt de ne pas inclure ces dimensions, parce que nous craignions les dérapages.

Mais, chez certains visiteurs, c'est la génération aléatoire des scénarios qui provoque la colère. Je me souviens encore de l'e-mail indigné d'un utilisateur, à qui Moral Machine avait demandé de choisir entre la vie d'un sans-abri et la vie de deux chiens ! Cet utilisateur était choqué de ce que nous puissions considérer cette question comme intéressante ou difficile. Cela n'était pas le cas, bien sûr, mais, vu qu'1 scénario sur 13 est choisi entièrement au hasard, tout peut arriver, même les choix les plus absurdes.

La critique la plus fréquente, cependant, est liée au « miroir », c'est-à-dire à la page dans laquelle Moral Machine calcule les préférences de l'utilisateur, après 13 scénarios. Cet exercice est futile, car il faudrait des centaines de questions pour estimer précisément les préférences d'un individu.

Imaginez par exemple que l'un des scénarios demande de choisir entre continuer tout droit et écraser trois hommes âgés qui traversent au rouge, ou bien tourner et tuer une petite fille qui traverse au vert. Prenons le cas de figure où l'utilisateur choisit d'écraser les trois hommes âgés comme dans l'image ci-dessous.

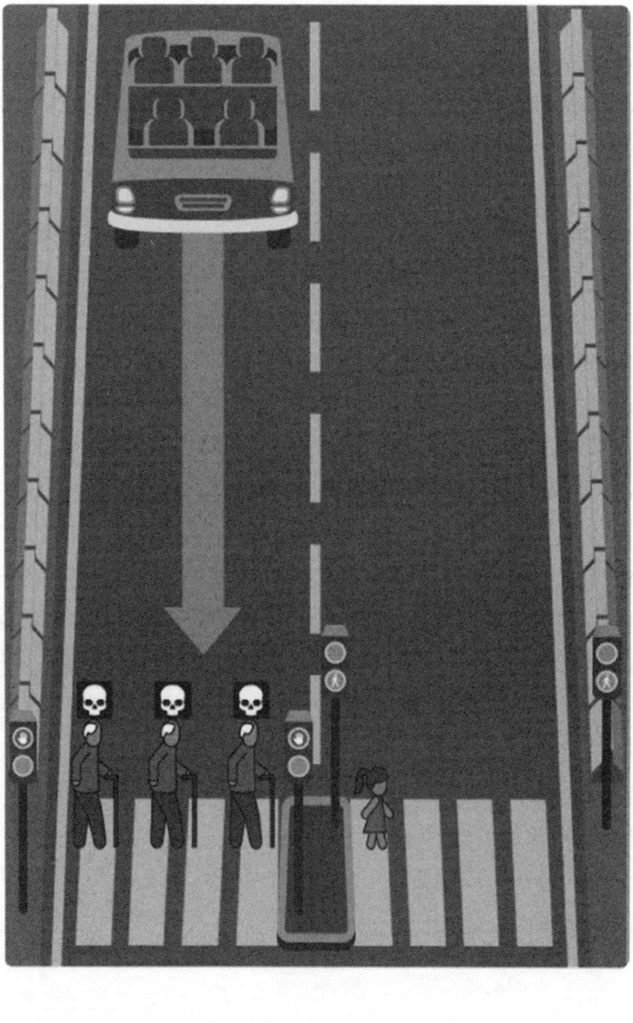

De multiples raisons peuvent expliquer ce choix. L'utilisateur peut vouloir sauver un enfant, ou être influencé par la couleur des feux, ou simplement préférer continuer sa route en allant tout droit. Quand Moral Machine va essayer de deviner les préférences de cet utilisateur à partir de ce scénario, elle va donc augmenter légèrement la préférence pour aller tout droit, sauver les gens qui traversent au vert, et épargner les enfants. Mais elle va aussi augmenter fortement la préférence pour ne pas écraser les femmes, dans la mesure où l'utilisateur vient de sacrifier trois hommes. Il est donc possible que Moral Machine explique à l'utilisateur qu'il est *biaisé* contre les hommes, alors que ce facteur n'aura joué aucun rôle dans sa décision !

Quand nous analysons des millions de réponses, nous pouvons évaluer bien plus précisément les préférences de la population, grâce aux techniques statistiques. Mais nous ne pouvons pas calculer les préférences d'un individu isolé, et le « miroir » est donc très souvent faussé – ce qui agace les visiteurs. Beaucoup nous écrivent pour nous décrire très précisément les règles qu'ils ont suivi pour répondre, et en quoi elles sont différentes de ce que le miroir a calculé. Cela nous a donné une idée : pourquoi ne pas permettre aux utilisateurs de corriger le miroir directement sur le site ? Nous avons donc ajouté une fonctionnalité, qui permet à tout un chacun de nous indiquer, pour chaque dimension explorée par Moral Machine, l'importance qu'elle a vraiment eue dans ses décisions.

Mais, très vite, nous ne sommes plus en mesure de répondre aux utilisateurs, ni même de lire tout le courrier que nous recevons. Dix-huit mois après le lancement de Moral Machine, en janvier 2018, nous atteignons les 40 millions de réponses, en provenance de 200 pays. Nous décidons alors d'écrire un premier article analysant ces 40 millions de réponses et ce qu'elles révèlent des préférences morales des individus, ainsi que de leurs variations culturelles. Quand vous lirez ce livre, nous serons probablement proche des 80 millions de réponses. Mais restons pour le moment en 2016.

En braquant les projecteurs sur notre travail, le succès de Moral Machine concentre aussi sur nous le feu des critiques, lesquelles formulent essentiellement deux inquiétudes :

1. notre travail attire l'attention des industriels et des gouvernants sur un problème qui ne constitue pas une urgence ; cela pourrait gaspiller de l'argent ;
2. notre travail effraie inutilement le grand public, au point que celui-ci risquerait de se détourner des voitures sans conducteur ; cela pourrait coûter des vies.

La première inquiétude est parfois exprimée par des universitaires, tout particulièrement par ceux qui travaillent depuis plusieurs années déjà sur l'éthique des machines. Ils sont un peu agacés de voir des nouveaux venus capter toute l'attention, et nous comprenons qu'il nous faudra être particulièrement humbles pour nous faire pardonner cette notoriété trop rapide. Mais le fond de la critique demeure : la priorité des constructeurs de voitures sans conducteur devrait être d'éviter les situations de dilemmes, non de les résoudre. Mieux vaut donc que les ingénieurs emploient leur temps à rendre les véhicules plus sûrs, plutôt qu'ils le perdent à prendre des décisions morales. Il ne faudrait pas que les grands constructeurs automobiles dépensent moins pour la sécurité de leurs voitures, parce qu'ils auraient trop dépensé en recherche sur la morale.

Même si ce raisonnement est logique, il est peu plausible que des constructeurs de voitures sans conducteur décident de sacrifier la sécurité de leurs véhicules pour se lancer dans la philosophie morale. Je ne suis pas au courant des décisions budgétaires des grandes firmes automobiles, mais il semble probable que dans le budget alloué aux questions de sécurité, la part consacrée aux questions morales ne représente qu'une partie infinitésimale ; l'industrie automobile n'est pas connue pour engloutir son argent dans la philosophie !

Un scénario plus réaliste serait qu'un gouvernement oblige les constructeurs automobiles à développer une technologie coûteuse, qui n'aurait d'autre fonction que celle de la décision morale. Par exemple, les autorités d'un pays pourraient décider qu'en cas de dilemme, les véhicules soient toujours obligés de sauver le groupe le plus nombreux. Cela induirait qu'ils sachent compter précisément les passants. Compter approximativement le nombre de personnes dans un groupe n'est pas difficile pour une machine ; ce qui l'est, c'est de compter sans se tromper dans toutes les situations, y compris au coucher du soleil alors que la neige tombe – un scénario qui rend plus difficile le travail des capteurs de la voiture et augmente le risque d'erreur. Ajouter cette fonction à la voiture demanderait du temps et de l'argent, ce qui pourrait retarder l'arrivée des véhicules sans conducteur et en augmenter le coût pour le consommateur. Plus les voitures autonomes se font attendre, plus elles seront chères, moins elles sauveront de vies. Par conséquent, une intervention gouvernementale destinée à épargner des vies, à long terme, pourrait coûter des vies, à court terme.

En tant que chercheurs, nous n'y pouvons pas grand-chose. En revanche, mes camarades et moi prenons particulièrement au sérieux la deuxième grande critique qui nous est alors adressée : en attirant tous les regards sur les situations de dilemmes, nous inquiétons les citoyens, au point peut-être de les détourner des voitures sans conducteur. Ceci n'est pas entièrement improbable. Bien sûr, les situations de dilemmes seront extrêmement rares, mais notre psychologie peut nous jouer des tours : plus un événement est facile à imaginer[2], plus il évoque une réaction émotionnelle forte[3], et plus nous avons tendance à en surestimer la fréquence. Les dilemmes des voitures sans conducteur sont faciles à imaginer et peuvent être émotionnellement perturbants. En encourageant tant de personnes à y penser, peut-être les avons-nous aussi incitées à se méfier des voitures sans conducteur ?

Pour ne pas rester dans l'incertitude, nous recueillons des données à la fois expérimentales et corrélationnelles. Autrement dit, nous procédons à deux tests[4]. Pour le premier, nous présentons aux participants plusieurs dilemmes de voitures sans conducteur, mesurons ensuite leurs opinions et émotions à propos de ces voitures, et vérifions enfin que c'était la première fois que quelqu'un leur parlait de ces dilemmes. De cette façon, nous pouvons tester l'effet de la première exposition aux dilemmes. Pour le deuxième test, nous demandons à d'autres personnes si elles ont déjà entendu parler des dilemmes moraux des voitures sans conducteur, et, si oui, combien de fois. Nous leur posons également des questions sur leurs opinions et leurs émotions à propos de ces véhicules. Nous pouvons ainsi évaluer l'effet d'une exposition répétée aux dilemmes. Nos résultats montrent que ni la première exposition aux dilemmes, ni une exposition répétée, ne conduisent à avoir peur des voitures sans conducteur.

En clair, nous n'avons pas peur des dilemmes, même si nous n'en aimons pas toutes les solutions.

Nos critiques, on l'a vu, spéculaient souvent quant à l'effet (négatif) de nos travaux sur le monde industriel et politique. Pour des chercheurs en sciences sociales, ces inquiétudes peuvent sembler incongrues ; on nous reproche si souvent, au contraire, de ne pas avoir assez d'impact sur le monde de l'argent et du pouvoir ! Nous ne sommes pas nous-mêmes convaincus que nos travaux, si populaires soient-ils, puissent influencer le discours des industriels et des politiques. Ce discours, pourtant, est sur le point de changer.

14

MERCEDES-BENZ *VS* BARACK OBAMA

Avant la publication de nos travaux et le lancement de Moral Machine, les constructeurs automobiles ne s'étaient pas aventurés à communiquer autour des dilemmes éthiques que soulèvent les voitures sans conducteur ; et on les comprend, dans la mesure où ils n'auraient que des coups à prendre en se positionnant sur ces questions. Les politiques et les régulateurs, eux non plus, ne s'étaient pas encore emparés du sujet.

En septembre 2016, pourtant, nous sentons un premier frémissement. Le ministère des Transports américain publie un document qui énumère les rubriques que les constructeurs automobiles devront renseigner pour justifier de la sécurité de leurs voitures sans conducteur. Ainsi le critère n° 1 leur demande de préciser le domaine opérationnel du véhicule (par exemple, dans quelles situations la conduite automatique sera engagée) ; le critère n° 10 exige de savoir comment le véhicule sera protégé contre les tentatives de cyberpiratage ; mais c'est le critère n° 14 qui a particulièrement attiré notre attention. Intitulé « considérations éthiques », il interroge les firmes automobiles sur la façon dont le véhicule résoudra les dilemmes éthiques sur la route. Le document reste extrêmement vague quant à la nature exacte de ces dilemmes et le type d'explication que les constructeurs devront fournir, mais ce critère n° 14 est le premier signe que les dilemmes éthiques des voitures sans conducteur commencent à être pris au sérieux par les pouvoirs publics.

Un autre signal viendra bientôt, en novembre 2016, et de nul autre que… Barack Obama. Dans une interview pour le magazine *Wired*, enregistrée durant l'été mais diffusée après l'élection de Donald Trump, le président des États-Unis est interrogé sur les grands défis de l'intelligence artificielle[1]. La conversation s'oriente vers la place des valeurs morales dans l'I.A. Barack Obama évoque alors ce qu'il qualifie de « problème classique » dans ce domaine : si une voiture sans conducteur peut sauver la vie de piétons en sacrifiant son conducteur, que doit-elle faire ? Qui doit établir les règles à suivre dans une telle situation ? Dans un passage non retranscrit de l'interview (mais disponible dans sa version complète en vidéo), il précise que, selon lui, un consensus sera nécessaire pour trancher sur ces questions. Autrement dit (c'est en tout cas comme cela que nous l'interprétons), ces décisions ne peuvent être totalement laissées ni aux constructeurs automobiles, ni aux régulateurs ; il sera nécessaire de mesurer l'opinion de tous les usagers de la route, piétons compris.

Si les constructeurs automobiles doutaient encore de l'intérêt d'un tel consensus, la mésaventure de Mercedes-Benz leur a servi de leçon. Le 7 octobre 2016, lors du Salon de l'automobile, à Paris, un certain Christoph von Hugo, cadre supérieur de Mercedes-Benz, donne une interview au magazine *Car and Driver*[2]. Un passage de cette interview va se répandre comme une traînée de poudre. Christoph von Hugo évoque la situation du dilemme passager-piéton, et le journal le cite ainsi : « Si vous pouvez sauver au moins une personne, sauvez au moins celle-là. Sauvez celle qui est dans la voiture. [...] Vous pourriez sacrifier la voiture, mais ces gens* que vous avez sauvés, vous ne savez pas ce qui va leur arriver ensuite, dans ces situations qui sont souvent très complexes, alors vous sauvez ceux que vous savez pouvoir sauver. »

Ce que semble dire von Hugo, c'est qu'en général, la voiture pourra calculer avec une certitude raisonnable la trajectoire qui sauvera ses passagers, mais qu'il lui sera beaucoup plus difficile de prédire celle qui sauvera des piétons parce que leurs actions sont imprévisibles ou parce qu'un autre véhicule est sur le point de les percuter. Le dilemme deviendrait donc : agir avec la certitude de sauver le passager et sacrifier les piétons, ou bien agir avec la certitude de sacrifier le passager mais sans certitude de sauver les piétons. Une fois le dilemme reformulé ainsi, la solution retenue serait de sauver le passager en sacrifiant les piétons.

Ce raisonnement n'est pas complètement déraisonnable, et il aurait pu être intéressant de l'approfondir. Mais, en quelques jours, la presse et les réseaux sociaux s'enflamment. L'atmosphère est à la révolte. Un site Internet titre[3] : « La réponse de Mercedes aux dilemmes moraux des voitures autonomes : "Oh, on va juste écraser les piétons (de toute façon, c'est sûrement des ploucs)." »

Et le *Daily Mail*[4] va encore plus loin (les majuscules sont d'origine) : « Mercedes-Benz admet que ses voitures sans

* Dans le contexte, il semble clair que « ces gens » sont les piétons (et peut-être aussi les passagers d'une autre voiture).

conducteur écraseront un ENFANT plutôt que de risquer une blessure de leurs passagers ».

Mercedes se heurte de plein fouet à la contradiction que nos premiers résultats avaient annoncée : en tant que clients, nous préférons des voitures qui sauvent leurs passagers ; mais en tant que citoyens, notre préférence morale se porte sur les véhicules qui épargnent le plus grand nombre, et nous sommes choqués par une voiture prête à tout pour sauver ses propres passagers. Le fait que les Mercedes soient perçues comme des automobiles de luxe ne fait qu'empirer les choses, en donnant l'impression que leurs riches possesseurs peuvent acheter le droit de survivre aux dépens des autres.

Tout cela est très mauvais pour Mercedes, d'autant plus si l'on considère que le marché des voitures autonomes ou semi-autonomes est encore minuscule. L'idée que les Mercedes puissent privilégier la vie de leurs passagers pourrait, théoriquement, mener à davantage de ventes de Mercedes autonomes ; mais ces voitures ne sont pas encore sur le marché, alors que la mauvaise publicité autour des déclarations prêtées à von Hugo, elle, est bien réelle.

Le 17 octobre 2016, dix jours après l'interview de Christoph von Hugo dans *Car and Driver*, Daimler AG (la maison mère de Mercedes-Benz) dément formellement l'idée que ses voitures soient programmées pour toujours sauver leurs passagers. Les propos de von Hugo ont été, explique-t-elle, mal compris ou mal retranscrits. La position officielle est, en substance :

1. ni nos programmeurs ni nos voitures ne sont habilités à choisir une vie humaine plutôt qu'une autre. Cela serait d'ailleurs illégal ;

2. notre priorité est d'éviter complètement les dilemmes, pas de les résoudre ;
3. nous ne prenons pas de décision en faveur des passagers. Notre principe est de fournir le plus haut niveau de sécurité à tous les usagers de la route ;
4. résoudre les dilemmes demandera un large débat international, de façon à trouver un consensus acceptable. Nous mettrons en œuvre ce qui sera à la fois légal et socialement acceptable.

Il n'est donc plus question de trancher unilatéralement entre la sécurité des passagers et celle des piétons, ni même de décider si la voiture sauvera cinq piétons plutôt que deux. La position de Daimler est claire : le métier des constructeurs automobiles est de minimiser le nombre d'accidents, non de résoudre des dilemmes moraux épineux. Notez cependant les derniers mots du quatrième point : faisant écho à Barack Obama, Daimler insiste sur l'importance de l'acceptabilité sociale de la programmation des voitures. Autrement dit, les citoyens doivent avoir leur mot à dire dans la résolution des dilemmes éthiques des voitures sans conducteur.

La nécessité d'une telle participation citoyenne peut sembler une évidence. Dans la mesure où nous pouvons tous être affectés par les algorithmes des voitures sans conducteur, nous sommes tous concernés par les choix des constructeurs, ou par les choix des politiques qui définiront les contraintes imposées aux constructeurs. Pourtant, la première tentative pour établir un code moral des voitures autonomes ne va donner aucune place à l'avis des citoyens…

15
LE CODE DE BERLIN

En septembre 2016, le gouvernement allemand prend une initiative inédite. Il forme une commission nationale pour l'éthique de la conduite autonome, dont une des missions est de formuler des recommandations sur la façon dont les voitures sans conducteur devront résoudre les dilemmes éthiques en cas d'accident inévitable ; autrement dit, résoudre les « problèmes de tramway ». Cette commission a moins d'un an pour rendre ses conclusions, alors que ses membres, fort occupés par ailleurs, n'auront que peu d'occasions de se réunir physiquement. Il s'agit là d'un défi considérable, dans la mesure où ces problèmes font débat depuis des décennies chez les philosophes !

La composition de cette commission est intéressante, car elle donne une idée de ceux qui, pour le gouvernement allemand, ont voix au chapitre. La commission compte quinze membres, dont :

- huit professeurs de droit, d'éthique ou d'ingénierie ;
- deux représentants de l'industrie automobile ;
- deux représentants du pouvoir judiciaire ;
- le président d'une association de protection des consommateurs ;

- le président de l'Automobile Club allemand ;
- un évêque catholique.

Que pensez-vous de cette composition ? Pour ma part, plusieurs choses me sautent aux yeux. Tout d'abord, la présence de l'évêque catholique, qui serait impensable en France. Surtout sa présence en tant que dignitaire religieux, qui semble indiquer que l'Église a une autorité morale particulière auprès de l'État. Qui plus est, la présence d'un seul dignitaire religieux semble donner ici à l'Église catholique une primauté morale sur les autres religions.

Notez maintenant la représentation, au sein du comité, d'une association de protection des consommateurs, et de l'Automobile Club. Leurs deux représentants défendent, on peut l'imaginer, les intérêts de ceux qui achètent et utilisent des voitures. Mais qui joue un rôle comparable pour les autres usagers de la route, comme les piétons et les cyclistes ?

Bien sûr, il est plus facile de trouver un représentant des automobilistes, au niveau national, que de trouver un représentant des piétons, qui ne sont pas (à ma connaissance) organisés en association. Mais peut-être faut-il alors envisager une autre logique : au lieu de chercher des représentants ou des défenseurs pour les diverses catégories d'usagers de la route, pourquoi ne pas procéder à des enquêtes pour connaître leurs préférences et en informer la commission ? Pourquoi ne pas inviter dans cette commission des spécialistes du comportement et des préférences, par exemple des psychologues, des économistes, des sociologues ou des anthropologues ?

L'absence de spécialistes du comportement dans la commission allemande reflète son approche normative de l'éthique des voitures sans conducteur. En d'autres termes, l'esprit de cette commission est de confier à des spécialistes l'élaboration de règles éthiques, plutôt que de consulter la population des usagers de la route, qui vivront avec les conséquences de ces règles. Il n'y a aucun problème, bien entendu, à faire confiance à des spécialistes bien informés ; mais il est regrettable de ne donner aucune voix aux préférences des citoyens, surtout quand les spécialistes ont du mal à se mettre d'accord. Et, de fait, la commission allemande a éprouvé des difficultés à formuler certaines de ses recommandations, comme nous allons le voir[1].

Je ne vais pas commenter ici l'ensemble du rapport de la commission, mais plutôt me concentrer sur les parties du document qui traitent des dilemmes éthiques comme « sauver le passager ou les piétons » ou « épargner un enfant ou deux adultes ». Ces dilemmes sont traités en particulier dans les règles numérotées 5, 7, 8 et 9 du rapport.

La règle n° 5 répète, et on ne le répétera jamais assez, que la meilleure solution à un dilemme éthique est… d'éviter le dilemme en premier lieu. C'est-à-dire, de maximiser la sécurité des voitures de façon à limiter le plus possible les situations où la voiture ne peut sauver tout le monde, et doit donc choisir qui sauver. Prenant acte, toutefois, que les situations de dilemmes ne pourront être complètement évitées, la commission approfondit leur examen dans les règles suivantes.

La règle n° 7 commence par établir qu'en cas de dilemme, la vie humaine est prioritaire sur la vie non humaine et les dommages matériels. Cela signifie que les voitures devraient être prêtes à écraser un nombre quelconque de chiens et de chats, si cela peut sauver ne serait-ce qu'un seul humain. Cela signifie aussi que les véhicules sans conducteur devraient être prêts à causer n'importe quels dégâts matériels, aussi considérables soient-ils, pour sauver ne serait-ce qu'une vie humaine. Peut-être cela vous semble-t-il raisonnable. Après tout, sans cette règle, il serait nécessaire de fixer une valeur financière X à la vie humaine, telle que les voitures devraient tuer un humain plutôt que de causer X euros de dommages matériels. Et on ne peut pas fixer une valeur monétaire à la vie humaine, n'est-ce pas ?

En fait, on peut, et on le fait tous les jours. Quand un gouvernement dépense de l'argent public pour économiser des vies, il lui faut se poser une question sinistre mais nécessaire : combien vaut une vie ? Cette question est nécessaire car l'argent public est en quantité limitée. Ce qui est investi, par exemple, pour rendre les routes plus sûres n'est pas dépensé pour construire des écoles. Il faut donc faire des arbitrages et avoir une idée de la somme que l'on peut légitimement dépenser dans l'espoir de sauver 10, 100 ou 1 000 vies humaines.

Mais combien vaut une vie humaine ? En France, une vie vaut environ 3 millions d'euros[2]. Cela signifie que si des travaux sur une route nationale permettent d'espérer sauver 10 vies, il est légitime de dépenser 30 millions d'euros pour ces travaux. Aux États-Unis, une vie humaine vaut… trois fois plus, presque 10 millions de dollars. Pourquoi la vie d'un Américain est-elle trois fois plus précieuse que la vie d'un Français ? Qui en décide ? En fait, c'est nous qui en décidons, mais implicitement. La « valeur statistique d'une vie humaine » (c'est son nom technique) est calculée à partir de nos comportements quotidiens, ou plus précisément à partir de (a) ce que nous sommes prêts à dépenser pour réduire notre risque de mourir et (b) ce qu'il faut nous payer pour que nous acceptions d'augmenter notre risque de mourir.

Imaginez par exemple que j'achète un détecteur de fumée qui réduit de 1 chance sur 1 000 le risque que je meure dans un incendie. Je paie ce détecteur 500 euros. Par une simple règle de trois, on peut conclure que j'évalue la valeur de ma vie à au moins 500 000 euros. Supposez maintenant que l'on me propose une mission qui augmente mon risque de mourir de 1 chance sur 100, mais qui est récompensée par un bonus de 20 000 euros. Si j'accepte cette proposition, une nouvelle règle de trois permet d'imaginer que j'évalue la valeur de ma vie à moins de 2 millions d'euros. Si l'on collecte maintenant toutes les décisions de ce type prises par la population française, il est possible petit à petit de préciser ce qui semble être la valeur statistique d'une vie à l'échelle de la France ; et l'on arrive à la valeur approximative de 3 millions d'euros. Mais le même exercice avec la population américaine donne 10 millions de dollars.

Le code éthique allemand va encore plus loin que les Américains, en ne proposant aucune limite à la valeur de la vie humaine. La règle n° 7 préconise de fait que les voitures sans conducteur préfèrent n'importe quel dégât matériel plutôt que de mettre en danger une vie humaine. Bien sûr, dans le contexte d'un accident de voiture, il est difficile d'imaginer que les dommages matériels dépassent 3, 5, ou 10 millions d'euros ; on peut donc considérer que, dans ce contexte restreint, il n'est pas nécessaire de se poser la question de la valeur financière d'une vie humaine.

Jusqu'ici, les choses sont relativement simples : il faut sauver les humains, plutôt que les objets ou les animaux. Mais que faire lorsqu'il faut choisir entre un humain et un autre, ou entre deux groupes d'humains ?

Dans la règle n° 8, la commission commence par une mise en garde : pour résoudre les dilemmes des voitures sans conducteur, on ne peut pas s'appuyer sur les décisions légales appliquées aux actions d'un conducteur humain en situation de dilemme. Ceci mérite une explication : si un conducteur, dans une situation d'urgence, donnait un coup de volant qui tue un piéton pour sauver un groupe de piétons plus nombreux, il agirait illégalement ; pourtant, il est probable qu'il ne serait pas condamné par un tribunal. Le juge prendrait en compte les circonstances spéciales de l'accident, le fait que tout se soit passé en une fraction de seconde, et pourrait décider que l'automobiliste n'est pas coupable. Ceci ne signifie pas, pour la commission, que cette décision judiciaire puisse être systématisée en une programmation appliquée à toutes les voitures sans conducteur. Notre justice est faite pour des cerveaux humains, lents, faillibles et imprévisibles ; pas pour des robots surpuissants. Mais comment, alors, programmer les voitures ? Sans surprise, la commission a eu le plus grand mal à s'accorder sur une solution. Elle propose néanmoins trois conclusions dans sa règle n° 9.

Premièrement, elle recommande d'interdire absolument la prise en compte de caractéristiques individuelles (âge, sexe, condition physique ou mentale) au moment de choisir les victimes de l'accident. Pas question, donc, de privilégier la vie des enfants. C'est une prise de position forte, qui ne va pas de soi. Dans d'autres domaines, comme la greffe d'organe, on accepte de donner la priorité aux jeunes enfants ; mais on peut arguer que cette priorité est justifiée par des arguments médicaux, par exemple, parce que les enfants ont moins de chances qu'un organe de la bonne taille soit disponible, ou qu'ils risquent de développer des maladies chroniques s'ils n'obtiennent pas rapidement un organe[3]. On peut comprendre la position de la commission allemande, que j'imagine fondée sur la crainte d'une pente glissante : admettons que, sous la pression de la population, les voitures soient autorisées à sauver en priorité les enfants. Cela revient à accepter le principe que toutes les vies ne sont pas égales ; et une fois cette porte ouverte ? Irons-nous jusqu'à une dystopie où chaque citoyen est scruté, noté et reçoit un score qui détermine sa probabilité d'être sauvé ? Plutôt que de risquer d'ouvrir la porte à un tel futur, la commission choisit la position la plus stricte possible : aucune différence ne doit jamais être faite entre deux individus.

Si toutes les vies ont la même valeur, il semblerait logique que deux vies valent toujours plus qu'une. Et, *a fortiori*, que trois vies valent plus qu'une, que cinq vies valent plus que deux, et ainsi de suite. On pourrait donc s'attendre à ce que la commission recommande de programmer les voitures pour qu'elles sauvent le plus grand nombre. Mais l'éthique est plus compliquée que les mathématiques, et les membres de la commission n'ont pas pu se mettre d'accord sur cette question. Ils se sont contentés de noter qu'une telle programmation « pourrait être acceptable ». Que faire alors ? Laisser décider les constructeurs automobiles ? Ils n'ont pas très envie d'endosser cette responsabilité. Les gouvernements ? Ils ne connaissent pas (encore) les préférences de leurs citoyens.

Les membres de la commission allemande n'ont pas laissé le sujet entièrement en friche. Ils ont assorti leur conclusion d'une contrainte : dans le cas où les voitures seraient programmées pour sauver le plus grand nombre, « les parties impliquées dans la génération du risque ne doivent pas sacrifier les parties non impliquées ». Cette petite phrase, difficile à interpréter, mérite que l'on s'y arrête. Le problème, bien sûr, est de définir ce que l'on veut dire par « impliquées ». L'intuition qui est derrière cette règle, c'est qu'il serait injuste d'écraser quelqu'un dont on sent qu'il ou elle n'a rien à voir avec l'accident. Prenez une personne qui serait tranquillement installée à la terrasse d'un café, profitant du soleil. Un couple se met brusquement à traverser la route en courant devant une voiture sans conducteur. Faut-il que le véhicule donne un brutal coup de volant et fonce sur la terrasse de café pour éviter le couple qui traverse ? Cette décision met mal à l'aise, car elle semble injuste pour le client du café qui n'a rien à voir avec l'accident et qui n'avait aucune raison de s'inquiéter de la circulation.

Les choses deviennent difficiles quand on essaie de formaliser cette intuition en une définition précise[4]. Une possibilité est d'utiliser un critère contrefactuel. Pour chaque personne, on pose la question suivante : si la voiture ne fait rien, cette personne sera-t-elle affectée ? Si la réponse est oui, cette personne est impliquée. Si la réponse est non, elle ne l'est pas. Avec ce critère, le couple qui traverse la route est impliqué, mais le client du café ne l'est pas. On ne peut donc pas sacrifier le client pour sauver le couple. Le problème avec ce critère, c'est qu'il revient à dire que la voiture ne peut jamais rien faire, ou presque, en cas de dilemme. La plupart des dilemmes se présentent sous cette forme : si la voiture va tout droit, elle blesse un groupe A ; si elle change de direction, elle blesse un groupe B. Le critère contrefactuel oblige donc la voiture à aller tout droit, c'est-à-dire à ne rien faire.

Il existe des dilemmes moraux pour lesquels le critère contrefactuel peut recommander une action plutôt qu'une inaction, mais ils ne concernent pas vraiment les voitures sans conducteur. Le dilemme du bébé qui pleure[5] en est un exemple : dix personnes sont cachées dans une cave, pendant que des soldats ennemis fouillent la maison au-dessus d'elles. Si elles sont découvertes, elles seront toutes exécutées. Parmi elles se trouve un bébé, qui commence à pleurer. Une personne met sa main sur la bouche du bébé pour étouffer ses pleurs. Si on laisse le bébé pleurer, tout le monde sera découvert et tué, y compris le bébé. Si l'on couvre de la main la bouche du bébé pour étouffer ses pleurs, le bébé mourra asphyxié mais personne ne sera découvert. Que faire ?

Ce dilemme est horrible, mais il présente une caractéristique importante. Si rien n'est fait, le bébé mourra. Donc, selon le critère contrefactuel, il est « impliqué », et son sacrifice n'est pas interdit – ce qui ne veut pas dire qu'il est obligatoire ; il est seulement permissible selon un argument éthique particulier. Il est difficile cependant de trouver une analogie à ce dilemme dans le contexte des voitures sans conducteur. Mais en voici une tentative : une voiture sans conducteur est sur le point de percuter un stock de liquide hautement explosif. Si la voiture ne fait rien, l'explosion tuera ses passagers et dix piétons proches. La seule façon d'éviter cette catastrophe est de changer de direction et de percuter l'un des dix piétons, qui mourra sur le coup.

Dans cet exemple, le piéton meurt de toute façon, même si la voiture ne fait rien. Il est donc « impliqué » selon le critère contrefactuel, et son sacrifice n'est, par conséquent, pas interdit selon la règle n° 9. Mais ce scénario est tellement improbable que l'on peut se demander si le critère contrefactuel a vraiment une utilité. Il existe une autre définition du terme

« impliqué », qui utilise cette fois-ci un critère épistémique, c'est-à-dire basé sur les états mentaux des victimes potentielles de l'accident[6]. Il consiste à poser la question suivante : un individu peut-il légitimement supposer qu'il est en sécurité là où il est, sans risque d'être blessé par une voiture, ou bien s'est-il volontairement engagé dans une situation de trafic automobile, qui l'oblige à être conscient de ses dangers ?

En pratique, ce critère sert essentiellement à protéger les gens qui ne sont pas sur la route. Tant que vous marchez sur le trottoir, la voiture n'a pas le droit de vous percuter, même si c'est pour sauver dix personnes. Mais si vous traversez la route, vous n'êtes plus protégé. Le problème, c'est que l'on peut très vite imaginer des cas épineux. Que se passe-t-il si vous empruntez un passage piéton et que le feu est rouge pour les voitures ? Doit-on dire que vous pouvez légitimement vous penser en sécurité et donc que vous n'êtes pas « impliqué », et que vous ne pouvez être sacrifié ? Ou bien doit-on considérer que vous vous êtes volontairement engagé dans une situation de trafic, qui vous oblige à être conscient du danger et donc que vous êtes « impliqué » et que vous pouvez être sacrifié ?

Et que dire d'un bébé dans une poussette ou dans une voiture ? Le bébé se sent probablement en sécurité et n'a pris aucune décision volontaire. Devrait-il toujours être considéré comme non impliqué et donc non « sacrifiable » ? Il est vrai que la règle n° 9 dit que l'âge d'une victime en tant que telle ne doit pas être pris en compte, mais que faire si cet âge la rend « non impliquée » et donc non « sacrifiable » selon la même règle n° 9 ?

Comme vous le voyez, il est très difficile d'énoncer des règles générales car on peut toujours imaginer des exemples qui les mettent en difficulté. Pour une commission à l'effectif réduit et au temps limité, considérer tous ces exemples un par un serait un effort surhumain. Une autre difficulté tient au fait que tous les membres de la commission ont été choisis dans la population allemande. Peut-on appliquer ses conclusions à n'importe quel pays ? Ou bien devons-nous soupçonner qu'une commission japonaise ou brésilienne, par exemple, aurait pu arriver à des recommandations différentes ?

C'est précisément pour ces raisons que nous avons lancé le projet Moral Machine. En utilisant la puissance du *crowdsourcing*, autrement dit en collectant des millions de réponses portant sur des milliers de scénarios dans plus de deux cents pays, nous avons voulu dépasser les limites qui freinent le travail d'une seule commission, si experte soit-elle. Quand nous lisons les conclusions du code de Berlin, en juin 2017, nous n'avons qu'une hâte : comparer celles-ci aux préférences exprimées par les visiteurs de Moral Machine. Mais il nous faut être patients, car notre base de données n'a pas encore atteint une taille suffisante. En attendant, nous ne restons pas oisifs, car nous nous sommes attaqués à un problème de taille : combien de vies les voitures sans conducteur doivent-elles sauver pour être autorisées sur les routes ?

16

90 % DES ACCIDENTS

Vous avez certainement entendu ce chiffre, tout le monde le répète : la grande promesse des voitures sans conducteur, à long terme, est d'éliminer 90 % des accidents. Mais quelle boule de cristal a bien pu révéler ce chiffre ? En fait, il est basé sur une statistique. À l'heure actuelle, on estime que 90 % des accidents sont causés par une erreur humaine[1]. Une voiture sans conducteur qui ne ferait aucune de ces erreurs humaines devrait donc éviter 90 % des accidents. C.Q.F.D.

Bien sûr, cette démonstration suppose que tous les accidents attribués à une erreur humaine soient évitables par une machine. C'est certainement vrai de ceux qui sont causés par la fatigue, la distraction, la vitesse excessive ou l'influence de l'alcool. Mais de nombreux accidents de voiture sont attribués à une « erreur humaine » en l'absence de ces facteurs, simplement parce qu'aucune cause mécanique n'a été identifiée et que la catégorie « erreur humaine » est alors choisie par défaut[2]. Par ailleurs, il est possible que les voitures sans conducteur provoquent des crashs qu'un automobiliste aurait évités, par exemple parce qu'elles peuvent être la cible d'un piratage informatique ou, tout simplement, victimes d'une panne de capteur ou d'un bug de programmation.

Toujours est-il que, même si les véhicules sans conducteur n'atteignent pas le seuil rêvé de 90 % des accidents supprimés, ils élimineront très certainement une partie des accidents. Imaginez qu'ils en suppriment *seulement* 50 %, cela ferait déjà beaucoup de vies sauvées ! En fait, éviter ne serait-ce que 10 % des accidents serait déjà un progrès. La question se pose alors de savoir quel niveau de sécurité exiger avant d'autoriser la circulation et la commercialisation des voitures sans conducteur. Si nous attendons qu'elles soient quasi infaillibles, nous laissons se produire, entre-temps, des accidents qui auraient pu être évités. Mais si nous n'attendons pas qu'elles soient quasi infaillibles, quel taux accidentel devons-nous tolérer ? C'est la question examinée dans un rapport[3] publié en 2017, par la RAND Corporation, un célèbre « think tank » américain, dont les recherches visent à améliorer les décisions politiques et économiques. Le document est basé sur des simulations prenant en compte de nombreuses variables, comme :

1. la croissance annuelle du trafic automobile ;
2. l'année où les voitures sans conducteur sont autorisées ;
3. la sécurité des voitures sans conducteur au moment de leur introduction ;
4. le nombre d'années pour que tous les consommateurs leur fassent confiance ;
5. la proportion de voitures sans conducteur sur les routes, une fois que tout le monde leur fait confiance* ;

* Le fait que 100 % des consommateurs fassent confiance aux voitures sans conducteur n'implique pas 100 % de voitures sans conducteur sur

6. les progrès futurs des voitures traditionnelles en matière de sécurité ;
7. la rapidité des progrès des voitures sans conducteur en matière de sécurité, après leur introduction ;
8. le niveau de sécurité maximal atteint par les voitures sans conducteur.

La combinaison de toutes ces variables est complexe, mais elle permet de répondre à des questions comme : combien de vies seraient sauvées si les voitures sans conducteur étaient introduites en 2020, alors qu'elles sont légèrement moins sûres que les conducteurs humains ; que tous les consommateurs leur font confiance en 2070, leur permettant de représenter 90 % du trafic automobile ; que leurs progrès sont lents, leur permettant de devenir deux fois plus sûres que les conducteurs humains en 2047 ; que le trafic automobile augmente de 1 % par an ; et que les voitures traditionnelles sont modérément plus sûres que maintenant, en l'an 2070 ? Réponse : dans ce futur hypothétique, 350 000 vies seraient épargnées aux États-Unis, entre 2020 et 2070.

En simulant des centaines de futurs possibles, les chercheurs de la RAND Corporation parviennent à la conclusion suivante : pour sauver le plus de vies, il faudra introduire les voitures sans conducteur sur le marché dès qu'elles seront à peine plus sûres que les conducteurs humains ; par exemple, dès qu'elles seront en mesure d'éliminer 10 % des accidents de la route.

---

les routes. Leur coût est susceptible de constituer une barrière, et certains consommateurs peuvent attendre des années avant de remplacer leur voiture traditionnelle par une voiture sans conducteur.

Le jour de la publication du rapport RAND, Azim et moi sommes à Boston afin de travailler avec Iyad. Ce soir-là, nous avons rendez-vous pour dîner avec un anthropologue de Harvard, Joe Henrich, dont je reparlerai bientôt. Dans le hall de l'hôtel, j'attends Azim devant un feu de cheminée. Nous sommes installés dans ce qui est devenu notre hôtel préféré, une ancienne caserne de pompiers à proximité du M.I.T., remplie d'antiquités américaines et bercée à toute heure par la voix de Frank Sinatra.

Quand Azim me rejoint, il est préoccupé ; il vient de lire le rapport RAND et quelque chose le tracasse. Les simulations sont magnifiques, mais Azim est psychologue et il sait que le comportement humain ne se laisse pas facilement capturer par des modèles mathématiques, si élégants soient-ils. Il a l'intuition que ces simulations ne font pas assez de place à l'irrationalité des humains. Au risque de faire patienter l'anthropologue de Harvard, nous nous calons dans nos fauteuils devant la cheminée et nous essayons de comprendre en quoi l'irrationalité humaine pourrait faire dérailler le futur idéal promis par le rapport RAND.

Imaginez un monde où les voitures sans conducteur sont disponibles sur le marché et circulent sur les routes, alors qu'elles sont seulement 10 % plus sûres que les conducteurs humains. Que va-t-il se passer ? Statistiquement, ces véhicules auront moins d'accidents que ceux conduits par des humains ; mais ils en auront encore beaucoup ! Imaginez-vous un moment dans ce futur possible. Vous devez changer de voiture et vous hésitez à passer à la voiture sans conducteur. On vous assure qu'elles sont (un peu) plus sûres que les autres, mais vous entendez tous les jours parler des accidents mortels qu'elles sont en train de causer. Quelle serait votre réaction ? Vous vous demanderiez probablement à quel point il est prudent de confier votre vie à une telle machine. Après tout, vous n'avez jamais vous-même (je l'espère) causé un accident mortel, alors pourquoi changer ? Comment avoir la certitude que cette machine conduit mieux que vous, alors que vous pensez être meilleur conducteur que la moyenne ?

Petit à petit, nous commençons à entrevoir un scénario catastrophe, que nous affinerons les jours suivants avec Iyad. Ce scénario commence avec la commercialisation de véhicules sans conducteur qui n'éliminent que 10 % des accidents. Ils auront beaucoup d'accidents, presque autant que les conducteurs humains. Ces crashs feront beaucoup parler, plus que ceux impliquant des automobilistes. Les consommateurs qui hésitent à acheter une voiture autonome mettront alors en balance deux perceptions : celle de la sécurité de ces voitures, et celle de leur propre sécurité en tant que conducteur. Ils sous-estimeront la première, parce qu'ils entendent sans arrêt parler d'accidents de voitures sans conducteur, et ils surestimeront la seconde, parce que 80 % des gens pensent conduire mieux que la moyenne – nous y reviendrons. Résultat, personne ou presque ne voudra monter dans une voiture sans conducteur, et le futur idéal décrit dans le rapport RAND ne se réalisera jamais.

Ce scénario est basé sur beaucoup d'hypothèses qui restent à vérifier. Nous sommes face à de nombreuses inconnues. Nous ne savons pas si les accidents des voitures sans conducteur feront davantage parler que ceux causés par des véhicules traditionnels. Nous ignorons si ces crashs amèneront la population à douter du taux de sécurité officiel des voitures autonomes. Nous ne savons pas si les gens refuseront d'adopter les voitures sans conducteur parce qu'ils surestiment la sécurité de leur propre conduite. Et tout cela sans compter avec la plus grande des inconnues : nous ne savons pas comment comparer la sécurité des voitures sans conducteur à celle des automobilistes, de façon à affirmer, par exemple, qu'elles évitent 10 % des accidents. Cela mérite une explication.

Comment procéderiez-vous pour comparer le taux d'accident des voitures sans conducteur à celui des véhicules conventionnels ? En apparence, la question est simple : il faut compter les accidents impliquant les uns et les autres, les ramener au nombre de kilomètres parcourus et comparer les résultats. Facile à dire, mais très compliqué en pratique, et pas forcément fiable. Le premier problème avec cette méthode, c'est qu'elle donne un avantage trop important aux voitures sans conducteur, pour au moins trois raisons : la compétence des personnes qui sont derrière le volant[4], la qualité technique générale du véhicule et les conditions de conduite[5].

Tout d'abord, les voitures sans conducteur qui sont testées sur route ne roulent pas complètement seules. En général, un opérateur ou une opératrice se tient derrière le volant, au cas où il faudrait reprendre le contrôle. Cette personne conduit mieux que la moyenne (c'est son métier) et a tout intérêt à être particulièrement vigilante. Dans le cas particulier des voitures Tesla circulant en mode « Autopilot », la personne qui est derrière le volant est simplement celui ou celle qui a acheté la voiture, pas un opérateur professionnel. Mais les Tesla sont des voitures très chères, et leurs possesseurs ont en général passé la quarantaine[6] – un âge où les accidents se font moins fréquents. En somme, ceux qui circulent dans des voitures sans conducteur sont moins à risque que la moyenne, et cela peut faire baisser la fréquence de leurs accidents pour des raisons qui n'ont rien à voir avec la programmation de la voiture.

Par ailleurs, les véhicules sans conducteur sont des modèles très récents, presque neufs, qui bénéficient de la technologie la plus avancée, même en mettant de côté leur fonction de conduite autonome. Leur sécurité est donc difficilement comparable à celle des autos traditionnelles que l'on croise sur les routes. Par conséquent, elles peuvent là encore avoir moins d'accidents pour des raisons qui n'ont rien à voir avec leur programmation, mais par exemple parce qu'elles sont dotées de freins plus récents et plus performants que ceux de la voiture moyenne.

Enfin, les autos sans conducteur qui sont testées sur route roulent souvent dans des conditions privilégiées, de jour et par beau temps. Peu de voitures sont évaluées au coucher du soleil, sur une route de montagne, alors que la neige tombe… De plus, certains modèles comme la Google Car sont facilement reconnaissables, et les conducteurs qui les repèrent peuvent se montrer plus prudents quand ils réalisent qu'ils roulent à côté d'un véhicule sans chauffeur. Les conditions dans lesquelles ces véhicules circulent sont donc plus favorables, ce qui fausse davantage encore la comparaison en leur faveur.

Pour toutes ces raisons, on ne peut comparer le taux d'accident des voitures sans conducteur au taux d'accident moyen des véhicules conventionnels. Il faudrait le faire en le rapportant au taux d'accident des voitures récentes, conduites par des conducteurs expérimentés, dans des conditions de circulation favorables. C'est plus compliqué, mais cela reste faisable. Cela ne résoudra pas, pourtant, un autre problème bien plus épineux : combien de kilomètres les automobiles autonomes doivent-elles accumuler pour que la comparaison avec les voitures conventionnelles soit statistiquement fiable ?

Prenons un exemple simplifié pour avoir une intuition du problème. Imaginez que vous vouliez tester si, dans un collège, les filles lèvent la main 10 % plus souvent que les garçons. Les classes comptent 40 élèves, 20 filles et 20 garçons. Les étudiants participent beaucoup : durant chaque heure de cours, environ 30 élèves lèvent la main. Avec un peu de sorcellerie statistique, vous pouvez calculer le temps que vous devez passer à observer les classes avant d'avoir assez de données pour tester votre hypothèse. En l'occurrence, une quarantaine d'heures suffiront, autrement dit une bonne semaine scolaire si vous observez une seule classe, ou une journée si vous en avez cinq à votre disposition.

Les conditions, toutefois, sont très favorables. Les élèves lèvent souvent la main, et il y a autant de garçons que de filles, ce qui signifie que chaque heure vous apporte une moisson d'observations utiles. Imaginons maintenant des conditions moins favorables. Il y a dans chaque classe 39 filles et seulement 1 garçon ; et les élèves participent très peu : en moyenne, 2 élèves seulement durant chaque heure de cours. Cela signifie que, très souvent, une heure d'observation ne vous apportera aucune information utile, parce que personne n'aura levé la main. Pire encore, comme il y a très peu de garçons, vous allez devoir attendre très longtemps pour avoir suffisamment d'informations les concernant. Combien de temps ? Pour tester l'hypothèse que les filles lèvent la main en moyenne 10 % plus souvent, il vous faudra observer les élèves pendant… plus de

22 000 heures, soit environ trois années scolaires – et encore, à condition d'observer cinq classes en parallèle.

Si, maintenant, vous voulez tester l'hypothèse selon laquelle les voitures autonomes ont 10 % moins d'accidents que les automobiles conventionnelles, les conditions sont encore plus défavorables. Les accidents sont des événements rares, et les mortels le sont, heureusement, encore davantage : on compte environ 1 mort pour 150 millions de kilomètres. Et les véhicules autonomes sont, eux aussi, très rares sur les routes ; pour donner un autre ordre de grandeur, la flotte de Google n'a parcouru que 2 millions de kilomètres entre 2009 et 2015. Combien de temps faudra-t-il pour prouver que les voitures autonomes ont 10 % d'accidents en moins, ou diminuent de 10 % le nombre de morts sur la route ? Le calcul est compliqué, mais il pourrait être nécessaire d'attendre que les automobiles autonomes parcourent des centaines de millions ou des milliards de kilomètres – ce qui, en l'état des flottes disponibles, pourrait prendre des décennies, voire des siècles[7].

Tout ceci signifie qu'il va être très difficile de calculer avec précision le gain de sécurité offert par les voitures sans conducteur, tant qu'elles ne seront pas présentes en nombre sur les routes. Mais le serpent se mord la queue : si ces véhicules circulent largement sur les routes, c'est que leur gain de sécurité a été jugé suffisant ; cependant, pour qu'il puisse être calculé, il faut que les voitures sans conducteur soient nombreuses à rouler ; et ainsi de suite. En pratique, cela veut dire qu'il faut trouver des méthodes inventives pour estimer la sécurité des voitures sans conducteur, sans avoir besoin de les observer en masse sur les routes. Des esprits brillants se penchent sur la question, et je leur fais confiance pour élaborer des processus et des indicateurs fiables. Pourtant, ces indicateurs et ces processus n'auront pas la transparence d'une simple comparaison comme, par exemple : « les voitures conventionnelles tuent 7 personnes par milliard de kilomètres ; les voitures sans conducteur "n'en tuent que" 6 » (les chiffres sont inventés). L'absence d'une telle comparaison, simple et transparente, peut semer la confusion sur la sécurité des voitures autonomes, lorsqu'elles seront impliquées dans un accident, surtout si l'accident est largement médiatisé. Et, comme nous allons le voir, les accidents impliquant des voitures autonomes font beaucoup parler.

17

HARRY POTTER ET LA VOITURE AUTONOME

Le 30 juin 2016, une semaine après la parution de notre article dans *Science*, je suis au Muséum d'histoire naturelle de Toulouse. L'Institute for Advanced Study in Toulouse (I.A.S.T.) a privatisé les lieux pour sa soirée festive annuelle, qui est l'occasion de dire au revoir aux chercheurs quittant l'institut pour d'autres cieux, après avoir passé quelques années avec nous. Je me réjouis de ce moment de détente, qui vient après un marathon d'interviews sur les voitures sans conducteur et leurs dilemmes. Dans les jardins du Muséum, une coupe de champagne à la main, je profite du plaisir des conversations qui, à aucun moment, ne portent sur des accidents de voiture. Mon téléphone choisit cet instant pour vibrer frénétiquement : Tesla vient d'annoncer le premier accident mortel impliquant un véhicule en mode autonome.

Le drame s'est produit le 7 mai, en Floride. Le conducteur de la Tesla est passé en mode Autopilot, durant lequel la voiture se conduit toute seule mais demande au conducteur de rester vigilant et les mains sur le volant afin de pouvoir reprendre le contrôle à tout moment. Les premiers éléments suggèrent qu'un camion a tourné devant le véhicule à une intersection sur l'autoroute, et que la voiture n'a pas identifié la remorque blanche dudit camion, sur fond d'un ciel très lumineux ce jour-là. Le véhicule a continué à rouler, est passé sous la remorque en perdant son toit, pour finir par s'écraser hors de la route, contre un pylône.

Le drame fait immédiatement les gros titres de la presse et d'Internet. La couverture médiatique est intense : non seulement cet accident est le plus médiatisé de l'année, mais il est probablement plus médiatisé que l'ensemble de tous les accidents qui se sont produits cette année-là. Sans surprise, Tesla cherche à relativiser les choses, en indiquant en particulier que l'accident est survenu après 210 millions de kilomètres parcourus par son système Autopilot – comparés aux 150 millions de kilomètres qui séparent en moyenne deux accidents mortels aux États-Unis. Mais, comme nous venons de le voir, il est difficile de conclure quoi que ce soit d'une telle statistique.

La firme d'Elon Musk rappelle également que le mode Autopilot n'est pas un mode de conduite autonome. Certes, la voiture donne l'impression de se conduire seule, mais le conducteur est supposé garder les mains sur le volant et porter toute son attention sur la route, pour avoir la possibilité de reprendre le contrôle à tout moment. En filigrane, on devine un scénario qui ferait porter une part de responsabilité sur la victime de l'accident : si Autopilot est utilisé sans supervision, comme un mode de conduite autonome qu'il n'est pas, alors un accident peut se produire – que le conducteur aurait pu (ou dû) éviter.

Il s'agit là d'un thème qui revient souvent dans la presse, dans les jours qui suivent l'accident. De nombreux articles pointent du doigt des vidéos disponibles sur YouTube, où des possesseurs de voitures Tesla se filment en pleine circulation, mode Autopilot engagé, pour montrer la capacité de la voiture à se conduire seule, sans leur supervision. D'autres vidéos à l'authenticité plus douteuse montrent des conducteurs… endormis derrière le volant de leur Tesla, en mode Autopilot. L'idée récurrente serait donc que les conducteurs font trop confiance à ce mode, et que ce pourrait être la cause principale des accidents.

C'est sans doute parce que cette idée d'un conducteur négligent est dans l'air qu'une rumeur se propage bientôt dans les articles et dans les esprits : le défunt conducteur de la Tesla était en train de regarder un film de la franchise Harry Potter au moment de l'accident. De très nombreux articles titrent sur cette *information*, sans même parfois la mettre au conditionnel. Pourquoi tant de gens ont-ils trouvé cette histoire séduisante ? Peut-être parce que tout le monde connaît Harry Potter, ce qui rend la scène plus facile à imaginer. Peut-être aussi parce que ces films ont pour cadre un univers de fantasy, propice à détourner notre attention du monde réel – accréditant l'image d'un conducteur inattentif à la réalité qui l'entoure. Peut-être encore parce qu'ils sont en partie destinés à un jeune public, renforçant l'image d'un automobiliste immature ou irresponsable. Toujours est-il que, dans les jours qui suivent, tous ceux qui me parlent de l'accident, et ils sont nombreux, mentionnent Harry Potter.

Mais d'où vient cette rumeur ? Du témoignage du chauffeur du camion que la Tesla a percuté. Celui-ci aurait déclaré qu'un film *Harry Potter* était diffusé sur l'écran de la Tesla au moment du choc. Ce qui n'est pas possible, précise Tesla : l'écran de la voiture ne peut pas passer de films. En creusant un peu, on apprend que le routier a admis ne pas avoir vu les images du film dans la voiture, mais avoir seulement entendu le film au moment de l'accident. Il ne s'agit pas ici de mettre en question la sincérité du chauffeur ; je n'ai jamais été impliqué dans un accident de voiture, et je ne sais pas comment mon cerveau reconstituerait la scène. Mais est-il vraiment possible que durant la seconde où la voiture est passée sous le camion, broyant sa partie supérieure, le chauffeur routier ait pu reconnaître la bande-son ou le dialogue d'un film *Harry Potter* ?

L'enquête finira par écarter la piste du jeune sorcier, sans pour autant dédouaner le défunt conducteur. Elle révélera, grâce aux données enregistrées par la voiture, que durant les trente-sept minutes précédant l'accident, l'automobiliste n'avait posé les mains sur le volant que pendant vingt-cinq secondes ; que le véhicule avait généré six avertissements sonores et sept avertissements lumineux lui demandant de garder les mains sur le volant ; et qu'il avait eu au moins sept secondes pour réaliser le risque d'impact avec le camion. Certes, la voiture n'a pas freiné à temps ; mais l'enquête conclura qu'il n'y a pas eu faillite du système. Cette conclusion repose en partie sur le fait que le conducteur n'a pas respecté les conditions d'utilisation, mais aussi sur un fait moins connu. Autopilot n'a pas freiné parce qu'il a été incapable de réaliser qu'un camion traversait la route devant la voiture. Cela peut sembler une erreur plutôt grossière et, pourtant, l'enquête a conclu que l'intelligence artificielle avait bien rempli ses fonctions. Pourquoi ? Tout simplement parce qu'Autopilot n'est pas programmé pour reconnaître les véhicules vus de côté. Le système est principalement fait pour soulager le conducteur humain sur l'autoroute. Il est très fort pour reconnaître les véhicules qui roulent devant lui ou derrière lui, mais il n'est pas spécialement entraîné pour distinguer des voitures qui traverseraient la route – parce que les véhicules ne traversent pas les autoroutes. Nous avons ici un exemple de notre difficulté à cerner les limites d'une machine : pour un humain, il est évident que si l'on sait reconnaître un objet vu de face ou de l'arrière, on est aussi capable de le reconnaître vu de côté. C'est quelque chose que notre cerveau fait merveilleusement bien, parce qu'il s'agit d'une compétence essentielle à notre survie ; une compétence qui s'est progressivement affinée avec l'évolution, sur des centaines de milliers de générations. Nous prenons tellement cette compétence pour acquise, qu'il nous est difficile d'imaginer qu'une machine puisse parfaitement reconnaître l'avant ou l'arrière d'un camion, mais ne le reconnaisse pas quand il est vu de côté. Toujours est-il que si Autopilot n'est pas programmé pour reconnaître les véhicules qui traversent devant lui, on peut difficilement lui reprocher de ne pas avoir reconnu le camion qui traversait devant la Tesla, a conclu en substance l'enquête. Ce constat a probablement évité une catastrophe industrielle à Tesla : une autre conclusion aurait pu exiger de rappeler toutes les Tesla dotées du mode Autopilot.

Deux questions restent en suspens, toutefois. D'abord, est-il bien raisonnable pour Autopilot de continuer à rouler alors que le conducteur n'a plus touché le volant depuis plusieurs minutes et qu'il ne répond pas aux avertissements répétés du système ? Et le nom « Autopilot » ne serait-il pas mal choisi, car susceptible de faire croire aux conducteurs que la voiture peut se conduire sans leur supervision ? Tesla a choisi de conserver ce nom, en dépit d'une forte pression pour en changer. Mais le système a été mis à jour pour être plus vigilant au manque d'attention du conducteur : en particulier, il a été reprogrammé pour se désactiver si celui-ci ne pose pas les mains sur le volant après trois avertissements.

L'accident Tesla, le premier en son genre, a mis en lumière deux éléments importants. Premièrement, et peut-être sans surprise, il a beaucoup fait parler. Il est probable qu'il soit, aujourd'hui encore, l'un des accidents de voiture qui ait le plus marqué la mémoire collective du grand public. Deuxièmement, et de façon plus surprenante, le discours médiatique et public sur ce premier accident fatal impliquant un véhicule (semi-) autonome s'est très vite orienté vers la responsabilité du conducteur humain, sa vigilance, son utilisation imprudente de la voiture – plutôt que sur un défaut technologique de la voiture elle-même. Ceci n'est pas anodin d'un point de vue psychologique. Mais, avant d'y réfléchir davantage, il est utile de comparer l'accident Tesla à un autre crash fatal impliquant une voiture autonome – l'accident Uber.

18
L'ACCIDENT UBER

Le 17 août 1896, Bridget Driscoll traverse une rue de Londres lorsqu'elle est percutée et tuée par une automobile roulant à 7 kilomètres/heure, entrant ainsi dans l'histoire comme la première passante tuée dans un accident de la circulation, en Grande-Bretagne[1]. La légende veut que le coroner chargé de l'enquête, un certain Percy Morrison, ait déclaré : « J'espère qu'une telle chose ne se reproduira jamais. »

Personne ne s'est risqué à un tel commentaire lorsque, cent vingt-deux ans plus tard, le 18 mars 2018, Elaine Herzberg a été percutée et tuée par une voiture autonome sur une route de Tempe, en Arizona. Les premiers éléments indiquent que l'accident s'est produit de nuit, alors que la victime traversait la route à pied en poussant son vélo ; que la voiture appartenait à la flotte Uber, et qu'elle roulait en mode autonome à 70 kilomètres/heure, supervisée par une opératrice installée derrière le volant.

Très vite, le discours s'oriente vers la responsabilité de la victime. Après avoir visionné les images de la caméra avant de la voiture, la cheffe de la police de Tempe déclare qu'il est très clair que la collision était difficile à éviter, que ce soit en mode autonome ou manuel, compte tenu de la façon dont Elaine Herzberg a émergé de l'obscurité. Cette prise de position est étonnante, car le véhicule ne perçoit pas le monde comme un humain : non seulement il ne tire pas les mêmes informations que nous des images que lui transmettent la caméra, mais il dispose d'autres *sens*, comme le radar ou le lidar*, qui ne nous sont pas accessibles et qui fonctionnent dans l'obscurité.

La réaction de la cheffe de la police de Tempe est symptomatique d'un problème plus général : quand une voiture sans conducteur est impliquée dans un accident, les données techniques concernant son comportement avant et durant l'accident ne sont pas immédiatement accessibles. Les journalistes qui couvrent l'événement n'ont accès, dans l'urgence, qu'aux données concernant le comportement des humains impliqués dans l'accident, et se concentrent donc sur leur possible responsabilité. Là encore, les premières informations qui émergent concernent surtout la victime. On apprend qu'elle était une personne sans abri, une précision qui n'a *a priori* rien à voir avec l'accident, mais qui peut activer des stéréotypes négatifs dans l'esprit d'une partie du public. On découvre également qu'elle portait des vêtements sombres, que le vélo qu'elle poussait n'était pas équipé de réflecteurs sur les côtés et qu'elle traversait de nuit une portion non éclairée d'une route à quatre voies, à 100 mètres du passage piéton le plus proche.

Tout ceci fait beaucoup et oriente les esprits vers l'imprudence dont aurait fait preuve la victime. Mais la situation se

---

* Un lidar (*laser detection and ranging*) fonctionne sur le même principe qu'un radar, en remplaçant les ondes radio par un faisceau de lumière.

retourne brusquement lorsqu'une vidéo fait son apparition en ligne, fournie par la police de Tempe. Elle a été tournée par la caméra intérieure de la voiture, qui filme l'opératrice, et montre les quinze secondes qui précèdent la collision[2]. Il y est immédiatement apparent que l'opératrice du véhicule ne regarde pas la route. Son regard est dirigé vers le bas et vers la droite, et ne remonte que très brièvement durant les longues secondes qui précèdent l'accident. Que regarde-t-elle donc ? Selon ses dires, elle est en train de surveiller les messages émis par la voiture, qui apparaissent sur un iPad fixé en bas à droite du volant. Ceci semble possible.

Mais en observant attentivement les images, on peut pourtant détecter quelque chose d'étrange, qui ne cadre pas avec la version de l'opératrice. À plusieurs reprises, alors qu'elle a le regard tourné vers le bas, elle esquisse un sourire qui suggère une réaction amusée à ce qu'elle observe. C'est une réaction curieuse de la part de quelqu'un qui est en train de superviser les messages techniques s'affichant sur un terminal, mais ce détail ne prendra son importance que plus tard. À ce stade des investigations, il est établi que l'opératrice ne surveillait pas la route, et que la victime a au minimum fait preuve d'imprudence en traversant comme elle l'a fait. Mais il y a un troisième personnage dans cette histoire, qui est la voiture. Les deux humaines ont peut-être manqué de vigilance, mais pourquoi l'auto n'a-t-elle pas freiné à temps ?

De nouvelles informations surgissent en mai, qui éclairent d'un jour nouveau le comportement de la voiture – laquelle possédait, en théorie, la capacité de freiner en urgence si un risque de collision était détecté ; mais cette fonction avait fait l'objet d'un curieux réglage. Le véhicule n'avait l'autorisation de freiner en urgence que si un humain était en train de conduire, et non lorsqu'il était lui-même aux commandes. Ceci mérite d'être répété : il ne pouvait stopper en urgence que lorsqu'il était en mode d'assistance à la conduite ; autrement dit, lorsqu'un humain conduit et qu'il regarde par-dessus son épaule pour intervenir en cas de besoin. Impossible de le faire dans la situation inverse, en mode autonome supervisé par un opérateur humain. Dans ce cas-là, l'humain était seul responsable du freinage d'urgence. Pourquoi une telle limitation ? A *priori*, parce que la voiture avait tendance à freiner trop souvent, et que cette prudence excessive rendait désagréable l'expérience de la conduite autonome pour les passagers.

L'examen des données radar et lidar de la voiture confirmera qu'elle avait bien détecté le risque de collision. Six secondes avant le choc, le véhicule autonome repère un objet sur son chemin. Il peine à le catégoriser, puis pense un moment qu'il s'agit d'une automobile, comprend enfin qu'il s'agit d'une bicyclette vue de côté. Une seconde et demie avant l'impact, la voiture tente de freiner en urgence, mais n'y parvient pas compte tenu de la modification de ses réglages. Elle doit compter sur l'opératrice pour freiner, mais elle ne dispose d'aucun moyen de l'alerter. Imaginez ceci à l'échelle du processeur de la voiture : pendant 1 500 longues millisecondes, la voiture sait ce qui va se passer, ne peut rien faire pour l'éviter et attend que son opératrice fasse quelque chose. Celle-ci ne fait rien. Pourquoi ?

Le dernier rebondissement de l'enquête répond à cette question. La police a demandé à plusieurs grands services de streaming vidéo, comme Netflix et Hulu, de vérifier l'activité des comptes de l'opératrice. Hulu a répondu : le compte de l'opératrice a été activé quarante-deux minutes avant l'accident, quelques minutes après qu'elle se soit installée au volant, et a été utilisé pour regarder l'émission *The Voice* jusqu'au moment de la collision. Cette information, ajoutée aux curieux demi-sourires de l'opératrice quand elle regarde vers le bas, suggère que son attention était dirigée vers une vidéo et non vers la route. L'enquête conclura que l'accident aurait été entièrement évitable si l'automobiliste était restée attentive.

Que faut-il retenir de cette histoire compliquée ? D'abord, qu'il est très difficile de départir les responsabilités, même quand toutes les informations sont disponibles. Admettons que l'impact aurait pu être évité si l'opératrice avait regardé la route. Cela suffit-il à lui faire porter tout le poids de l'accident, qui aurait pu être évité si la voiture avait été autorisée à freiner* ? Est-il bien raisonnable de donner à un conducteur humain la responsabilité d'intervenir en urgence, en quelques secondes, quand celui-ci a pris l'habitude de laisser la voiture se charger de 90 % de la conduite ? Ce problème de *handoff*, ou « passage de relais », préoccupe beaucoup de spécialistes de la conduite semi-autonome. Plus une voiture est autonome, moins son conducteur est sollicité, et plus il perd en vigilance. Autrement dit, plus un véhicule sans conducteur gagne en sophistication, moins son passager est psychologiquement prêt à reprendre la main en urgence.

---

* Fin 2018, Uber a relancé son programme de test sur route en introduisant deux modifications : la voiture est autorisée à freiner de façon autonome et deux opérateurs sont assis à l'avant de la voiture.

Pour certains, ce cercle vicieux plaide pour l'abandon de la conduite semi-autonome, afin de passer directement des automobiles conventionnelles aux engins pleinement autonomes. C'est ce que l'on pourrait appeler l'approche « Silicon Valley » : miser sur l'intelligence artificielle pour introduire en une seule fois une disruption totale de la conduite. Cette approche est à l'opposé de celle de l'industrie automobile traditionnelle, qui préfère avancer à petits pas, innovation par innovation, de façon à construire graduellement une relation de confiance entre ses clients et leurs voitures de plus en plus autonomes. Ceci passe, par exemple, par l'introduction de la conduite pleinement autonome dans des situations très restreintes et à très faibles risques. Ainsi, l'introduction routinière de la conduite autonome en situation d'embouteillage est imminente. Dans un bouchon sur l'autoroute, les automobiles avancent très lentement et rien ne traverse la route, il n'y a donc aucun risque à laisser une voiture conduire sans supervision. Par ailleurs, être dans un bouchon est l'une des expériences les plus frustrantes que l'on puisse vivre en tant que conducteur. Laisser la voiture conduire serait l'occasion de tranquillement lire un livre ou s'avancer dans son travail en toute sécurité. L'embouteillage sur l'autoroute semble donc être la situation idéale pour convertir les automobilistes à la conduite autonome.

L'approche par la disruption et l'approche pas à pas ont un objectif en commun : éviter d'abîmer la confiance du public dans la conduite autonome et surtout, surtout, éviter que des accidents impliquant un véhicule sans conducteur ne fassent la une des journaux. De fait, il est facile d'imaginer que ces drames nuisent à la confiance. Pourtant, dans les deux cas que nous avons considérés (Tesla et Uber), le discours s'est davantage focalisé sur l'erreur humaine que sur la performance de la voiture. Les journaux ont beaucoup parlé de l'imprudence des conducteurs et les conclusions de l'enquête sont allées dans le même sens. Même s'il convient d'être prudent, il est très possible que le public se soit fait une idée similaire, focalisant sur la responsabilité humaine. Ceci tient à une raison technologique et psychologique. D'un point de vue technologique, l'analyse du comportement de la voiture demande des données qui, comme on l'a vu, ne sont pas immédiatement disponibles au moment critique, c'est-à-dire dans les jours qui suivent l'accident. D'un point de vue psychologique, nous nous mettons plus facilement à la place d'un humain dont nous reconnaissons l'imprudence ou les erreurs, que d'une machine dont le monde intérieur nous est totalement étranger. Est-ce à dire que les consommateurs sont psychologiquement prêts à accepter la conduite autonome, même quand ils entendent parler de ces accidents ? Ce serait trop facile. Comme nous allons le voir, l'adoption de la conduite autonome se heurte à une barrière psychologique importante, qui n'est pas liée à la façon dont on estime la sécurité des voitures sans conducteur, mais plutôt à la façon dont nous estimons notre propre sécurité en tant que conducteur.

19

QUI A PEUR DES VOITURES SANS CONDUCTEUR ?

Lake Wobegon est une petite ville du Minnesota où « toutes les femmes sont fortes, tous les hommes sont beaux, et tous les enfants sont au-dessus de la moyenne* ». Il y a là un sentiment que chacun reconnaîtra : aux yeux de ses parents, un enfant est toujours plus beau, plus drôle, plus éveillé que la moyenne. Pourtant, il est impossible que ce soit vrai de tous les enfants, n'est-ce pas ? Pour qu'un enfant soit plus beau que la moyenne, il faut bien que certains ne le soient pas. On parle parfois de « l'effet Lake Wobegon » (ou, en français, « l'illusion de supériorité »), lorsque la grande majorité de la population se juge au-dessus de la moyenne, pour une qualité donnée[1]. Cet effet peut atteindre des sommets presque comiques. En

---

* Cette ville fictive est le cadre de nombreux récits inventés par l'écrivain humoriste américain Garrison Keillor, pour l'émission de radio *A Prairie Home Companion*, publiés par la suite dans de multiples magazines et ouvrages.

1975, un questionnaire a été distribué à 600 professeurs de l'université du Nebraska, leur demandant entre autres d'évaluer leurs qualités pédagogiques : 94 % se sont décrits comme meilleurs que la moyenne[2]. Et les élèves ne sont pas en reste. À peu près à la même époque, une gigantesque enquête a demandé à un million de lycéens américains d'évaluer leurs qualités de leader : seulement 2 % se sont jugés en dessous de la moyenne*. Les conducteurs, eux aussi, semblent être victimes de l'effet Lake Wobegon. De nombreuses enquêtes ont suggéré que la grande majorité d'entre eux pensent conduire mieux que la moyenne[3] et qu'ils se surestiment largement[4]. Ces enquêtes portent en général sur de petits échantillons de moins de 200 personnes, mais leur accumulation laisse penser que le phénomène est réel.

Quel rapport avec les voitures sans conducteur ? Revenons un peu en arrière, au moment où Azim et moi sommes installés devant un feu de cheminée, à Boston, en train de lire les simulations de la RAND Corporation. Ces calculs montrent que pour sauver le plus possible de vies à long terme, il faudra autoriser les voitures sans conducteur sur les routes dès qu'elles seront plus sûres que le conducteur moyen. Cela pose un premier problème : ces véhicules autonomes auront beaucoup d'accidents et la couverture médiatique de ces accidents pourrait mener le public à douter de leur sécurité. Mais c'est une autre question qui attire ici notre attention : qui voudra acquérir ces voitures ?

* Questionnaire descriptif adressé aux lycéens de la promotion 1976-1977, Educational Testing Service (association internationale travaillant sur l'évaluation éducative dans le monde), Princeton, New Jersey, États-Unis.

Mettez-vous dans la peau d'un acheteur rationnel. On vous annonce qu'une voiture sans conducteur est 10 % plus sûre que le conducteur moyen. Autrement dit, que ce véhicule n'a que neuf accidents, là où un automobiliste moyen en aurait dix. Cette voiture est-elle pour vous ? Gagnerez-vous en sécurité en l'achetant ? Oui, si vous êtes un conducteur moyen, ou bien un plus mauvais conducteur que la moyenne. Mais si vous conduisez bien mieux que la moyenne, vous perdez statistiquement en sécurité en laissant la voiture tenir le volant à votre place. Vous jugerez donc probablement que ce véhicule n'est pas pour vous. Le problème, bien sûr, c'est que vous surestimez probablement vos qualités de conducteur. Vous êtes victime de l'effet Lake Wobegon. Souvenez-vous des 2 % de lycéens qui jugeaient leur capacité de leader en dessous de la moyenne. Si 2 % des conducteurs seulement se jugent en dessous de la moyenne, alors seuls ces 2 % seront intéressés par une voiture sans conducteur, qui est à peine plus sûre que le conducteur moyen.

Azim, Iyad et moi décidons de partir de cette idée simple. Il nous faut d'abord demander à un échantillon de consommateurs d'évaluer leurs qualités de conducteur, et vérifier l'existence d'un effet Lake Wobegon. Tant que nous y sommes, nous décidons de mener notre étude auprès d'un échantillon représentatif de la population américaine, de façon à comparer la taille de cet effet chez les hommes, les femmes, les jeunes et les moins jeunes, les plus éduqués et les moins éduqués, et ainsi de suite.

Au total, nous interrogeons 3 000 Américains sur leurs qualités de conducteur. Nous demandons à certains combien d'accidents seraient évités si tout le monde conduisait comme eux. Une personne qui répond « 10 % » à cette question se considère 10 % plus sûre que le conducteur moyen, une personne qui répond « 20 % » se considère 20 % plus sûre que le conducteur moyen, et ainsi de suite. Les résultats sont spectaculaires : 93 % des personnes interrogées pensent être au moins 10 % plus sûres que le conducteur moyen. En fait, la plupart des sondés estime que si tout le monde conduisait comme eux, le nombre d'accidents serait divisé par trois, voire par quatre. Pour varier notre mesure, nous demandons à d'autres individus de l'échantillon de se positionner sur une échelle de 0 à 100, où 0 veut dire « Je suis le pire conducteur des États-Unis », 100 veut dire « Je suis le meilleur conducteur du pays » et 60, par exemple, veut dire « Je suis meilleur conducteur que 60 % des conducteurs aux États-Unis ». Là encore, plus de 80 % des personnes interrogées se jugent meilleures que la moyenne. En fait, la majorité des personnes pensent être meilleures que 75 % des conducteurs. Nous observons même que 5 % des personnes interrogées se donnent la note de 100/100, réservée au meilleur conducteur des États-Unis. Il est donc clair que ceux que nous avons interrogés surestiment la qualité de leur conduite. De façon remarquable, cette surestimation est la même dans tous les groupes sociaux. Les chiffres sont identiques pour les hommes et les femmes, pour les plus jeunes et les plus âgés. Ils ne dépendent ni du niveau d'études, ni des revenus, ni des opinions politiques ou des croyances religieuses, ni de l'origine ethnique. L'effet Lake Wobegon ne connaît pas de barrières de genre, d'âge ou de classe sociale.

À ce stade, nous pouvons tester la deuxième partie de notre idée. Nous nous attendons à ce que les gens exigent des voitures sans conducteur une sécurité d'autant plus grande qu'ils se perçoivent eux-mêmes comme bons conducteurs. Et c'est bien ce que nous observons : la poignée de ceux qui pensent être seulement 10 % meilleurs que le conducteur moyen veut bien se contenter de voitures sans conducteur 10 % plus sûres qu'un automobiliste moyen. Ceux, un peu plus nombreux, qui se perçoivent comme 10 à 50 % meilleurs que la moyenne souhaitent des voitures 50 % plus sûres que ce conducteur. Et ceux qui se pensent 70 à 95 % plus forts qu'un automobiliste moyen exigent que les voitures sans conducteur éliminent environ 90 % des accidents.

Ces résultats sont inquiétants, car ils remettent en question le scénario optimiste qui voudrait que les véhicules autonomes puissent gagner la confiance des consommateurs dès lors qu'ils sont plus sûrs que le conducteur moyen. Une voiture sans conducteur qui éliminerait 30 % des accidents serait déjà une prouesse technique et la promesse de nombreuses vies sauvées – mais il faudrait pour cela qu'elle soit présente sur les routes, et nos résultats indiquent qu'elle n'intéresserait pas grand monde, parce que la très grande majorité des consommateurs pense (à tort) conduire mieux qu'elle. Cela signifie que l'adoption des véhicules autonomes est une affaire de psychologie tout autant que de technologie. Il faut faire un effort de recherche technologique pour rendre les voitures sans conducteur les plus sûres possibles ; mais aussi un effort de recherche psychologique pour aider les gens à mieux comparer la qualité de leur conduite à celle des voitures sans conducteur.

Autrement dit, les chercheurs que nous sommes avons du pain sur la planche. Mais, pour l'heure, un autre défi nous appelle. Pendant que nous travaillons sur le projet Lake Wobegon, Moral Machine continue à attirer des millions de visiteurs du monde entier et, en janvier 2018, nous réalisons que nous avons collecté près de 40 millions de réponses. Il est temps d'analyser cette montagne de données.

20
40 MILLIONS DE RÉPONSES

Lorsque nous décidons de nous lancer dans l'analyse des réponses collectées par Moral Machine, nous sommes tous les cinq un peu intimidés, pour différentes raisons. Azim, Iyad et moi ressentons la pression de transformer l'essai, après la publication dans *Science*. Cet article a reçu une attention qui nous a parfois dépassés et nous voulons montrer que nous sommes capables de faire mieux encore, qu'il ne s'agissait pas d'un simple coup de chance lié à un sujet dans l'air du temps. Edmond et Sohan sont en début de carrière, et il est impératif pour eux de valoriser du mieux possible le travail monstrueux qu'ils ont fourni sur ce projet. Dans le milieu scientifique, cela signifie qu'il nous faut publier les résultats de Moral Machine dans la revue la plus prestigieuse possible ; et si nous voulons faire mieux (ou disons aussi bien) qu'une publication dans *Science*, nous n'avons pas vraiment le choix : il nous faut viser *Nature*. Cela peut sembler gonflé, mais nous avons des raisons d'être optimistes : Iyad a établi un premier contact avec l'équipe éditoriale de *Nature* pour leur parler du projet, et la réponse a été prudemment positive. Bien entendu, la revue ne s'engage à rien ; mais elle souhaite être la première à évaluer notre manuscrit pour publication.

Au moment de la rédaction, nous sommes dans une position inédite. Jamais aucun d'entre nous n'a travaillé sur un projet qui a suscité tant d'attention pendant la phase de collecte des données, avant même que les premiers résultats soient disponibles. Moral Machine a déjà sa page Wikipédia, elle a fait son entrée au musée du M.I.T. et à l'Exploratorium de San Francisco, et elle est régulièrement évoquée dans des congrès industriels, des sommets politiques et des conférences scientifiques. Toutefois, comme on l'a vu, l'attention portée à Moral Machine n'est pas toujours bienveillante. Lorsque Edmond et Sohan commencent à présenter le projet lors de conférences, ils se heurtent à une farouche opposition de la part de certains collègues, qui interrompent leurs présentations avec des critiques extrêmement agressives. Ainsi, Edmond et Sohan s'entendront dire qu'ils manquent de respect à l'égard de toutes les victimes d'accidents de la route et à leurs familles, en traitant leur mort comme un jeu. Ou bien que Moral Machine est raciste parce que tous les personnages y sont blancs (ou plutôt roses). Edmond et Sohan, dont les origines sont respectivement syriennes et indiennes, sont un peu interloqués d'être ainsi accusés de racisme, mais ils cherchent bravement le dialogue avec leurs accusateurs. Grâce à leurs efforts de pédagogie et de diplomatie, les critiques se font moins sévères, même si elles ne cesseront jamais tout à fait. Nous continuons à voir fleurir des tweets incendiaires, comme « Mort à Moral Machine ! », et à entendre des rumeurs selon lesquelles certains collègues souhaitent s'organiser pour empêcher la parution de notre article.

Ce que nous retenons de cette agitation, c'est qu'il va nous falloir être très précis lorsque nous écrirons l'article. Les réactions les plus violentes à notre projet semblent toujours nous prêter les mêmes mauvaises intentions : par exemple, celle de vouloir suivre aveuglément les préférences exprimées sur Moral Machine pour programmer les voitures sans conducteur ; ou bien de légitimer scientifiquement des préférences sexistes, classistes ou grossophobes. Clairement, il nous faudra être vigilants et ne pas laisser place à ce genre d'ambiguïté dans notre manuscrit. La première difficulté que nous avons à résoudre, toutefois, est de choisir les analyses que nous voulons présenter : les données de Moral Machine sont tellement riches qu'elles pourraient inspirer plusieurs livres. Comment faire pour les distiller dans les quelques pages que *Nature* ou un autre journal voudra bien nous allouer ?

Le succès international de Moral Machine nous occasionne ainsi un problème inattendu. Nous avions toujours eu l'espoir de collecter des données en provenance du monde non occidental, et c'est en partie pour cette raison que nous avions privilégié les traductions de Moral Machine en langues asiatiques. De cette façon, nous espérions comparer par exemple les réponses des Américains à celles des Japonais ou des Coréens. Mais la couverture internationale de Moral Machine est allée bien au-delà de nos espérances : nous avons des réponses en provenance du monde entier, et cela peut nous permettre de faire des analyses fines des variations culturelles. C'est une bonne chose, bien sûr, mais nous ne sommes pas certains d'avoir les compétences et le recul nécessaires pour rendre compte au mieux de ces nuances. Parmi nous, Azim est celui qui comprend le mieux les variations psychologiques entre cultures, grâce à son travail sur l'évolution culturelle des religions. Mais Azim lui-même a le sentiment que nous avons besoin d'un super-spécialiste. Cela tombe bien, il connaît exactement la bonne personne, et celle-ci travaille à quelques kilomètres seulement du bureau d'Iyad.

Joe Henrich est professeur de biologie évolutive humaine à l'université de Harvard. Son expertise et sa renommée sont immenses. Il étudie un vaste ensemble de phénomènes comme la sociabilité, le prestige, la coopération, le leadership, la transmission des normes et des compétences, la guerre, la corruption et d'autres encore. Comme le dit le titre de l'un de ses livres, la question qui le guide est celle du « secret de notre succès » : comment l'espèce humaine, un groupe de primates sans grand intérêt, est-elle devenue en quelques millions d'années l'espèce la plus puissante de notre planète ? Grâce à une créativité foisonnante et à une maîtrise des méthodes anthropologiques, psychologiques et économiques, Joe est devenu un poids lourd scientifique en un temps record. Lorsque je l'ai rencontré, j'ai été choqué de réaliser qu'il était à peine plus vieux que moi, alors que j'avais entendu parler de lui comme d'une superstar dès le début de ma carrière.

Comme tous les scientifiques au succès exceptionnel, Joe jongle avec des dizaines de rôles et de projets, et il est constamment sollicité. Autant dire qu'au moment de le rencontrer, Iyad s'attend à devoir durement négocier pour le convaincre de rejoindre notre équipe. En compagnie d'Edmond, il se rend au magnifique bureau de Joe, au cœur du musée de Zoologie comparative de Harvard et, tout en passant devant la majestueuse tortue géante qui en garde l'entrée, prépare dans sa tête une série d'arguments. Il n'aura pas l'occasion de les déployer. Joe connaît le projet et il est déjà conquis. Il a invité l'un de ses postdocs, Jonathan Schulz, à se joindre à la réunion, et tous deux proposent spontanément de nous aider à comprendre les variations culturelles dans les réponses à Moral Machine. Avec Richard Kim, un étudiant du M.I.T. recruté par Iyad pour aider Edmond et Sohan dans leurs analyses, nous sommes à présent huit à travailler sur le projet. L'équipe est au complet, nous pouvons passer aux choses sérieuses.

Edmond a passé plusieurs mois à affiner la méthode que nous allons utiliser pour décrire les principaux résultats de Moral Machine. Basée sur la technique dite de « l'analyse conjointe », elle s'applique quand des utilisateurs expriment une série de préférences entre plusieurs « objets » qui peuvent se différencier par un grand nombre de caractéristiques, et que l'objectif est de calculer l'importance de chaque caractéristique pour prédire les préférences observées. Dans notre cas, les « objets » sont des scénarios d'accidents, qui sont présentés par paires, et les caractéristiques sont celles des victimes de chaque accident (leur sexe, leur âge, leur statut social, etc.), ainsi que des variables liées à leur environnement (sont-ils dans la voiture ou sur la route, devant la voiture ou sur une autre trajectoire, le feu est-il vert ou rouge pour les piétons ?). L'objectif est de calculer l'importance de chaque caractéristique pour prédire sur quel accident l'utilisateur va cliquer. Le principe est simple à comprendre, mais la mise en œuvre l'est moins, surtout sur une base de données aussi complexe que Moral Machine : au final, l'annexe technique de notre article consacrera 20 pages et 10 équations à expliquer cette méthode.

Par curiosité, nous commençons par calculer quels personnages ont le plus de chance d'être épargnés par les utilisateurs, en utilisant l'ensemble des 40 millions de décisions que nous avons enregistrées. Les données sont tout à fait claires. Les quatre personnages qui sont le plus sauvés sont, dans cet ordre : le bébé, la petite fille, le petit garçon et la femme enceinte. Avant même de nous lancer dans des analyses approfondies, nous pouvons déjà prédire que l'âge des personnages va jouer un rôle fondamental dans les résultats. Mais cet exercice nous aide aussi à réaliser à quel point l'article va être difficile à écrire. Nous n'avons fait qu'identifier les quatre personnages qui ont le plus souvent la vie sauve, et nous sommes déjà fascinés par les détails de ce résultat. Par exemple, que faut-il penser du fait qu'un bébé a plus de chances d'être sauvé qu'une femme enceinte, qui a elle-même plus de chances de l'être qu'une femme qui n'est pas enceinte ? Le fait qu'attendre un enfant augmente la probabilité d'être épargnée indique que le fœtus ajoute psychologiquement de la valeur à la vie de la femme qui le porte. Et pourtant, le bébé est davantage sauvé que la femme enceinte, autrement dit bébé > femme + fœtus, et donc bébé - fœtus > femme. Cela revient à considérer que la différence subjective entre un enfant à peine né et un autre pas encore né est supérieure à la valeur subjective d'une vie adulte, ou encore qu'il serait psychologiquement acceptable de sacrifier un adulte pour permettre la naissance d'un enfant… Cette conclusion n'est pas inscrite dans les résultats de Moral Machine, mais elle en est une conséquence, et elle n'a jamais été explorée à notre connaissance dans une expérience psychologique.

Et les choses n'en restent pas là ! Le simple fait que le bébé soit davantage sauvé que les enfants n'est pas trivial. Des expériences préalables à notre projet ont suggéré que l'on privilégie la vie des enfants de neuf à dix ans à celle des bébés, quand il faut choisir (hypothétiquement) qui doit recevoir en priorité une greffe d'organe, un traitement médical ou une transfusion de sang[1]. Parmi les raisons avancées, les gens citent le fait qu'un enfant a des rapports sociaux plus développés qu'un bébé, et une compréhension plus grande de la mort. En d'autres termes, il a en quelque sorte plus à perdre qu'un bébé, en mourant. D'autres raisons, moins conscientes, pourraient aller dans le même sens. Certains anthropologues ont suggéré que la préférence pour la vie des enfants (par opposition aux bébés) peut s'expliquer par le risque plus grand qui pèse sur la survie des bébés en général. Pour le dire de façon crue, si la mortalité infantile est très élevée durant la première année de la vie, alors il y a une certaine rationalité à vouloir sauver en priorité les enfants qui y ont déjà survécu, plutôt que les nourrissons qui sont encore dans la période à risque[2]. Dans les sociétés prémodernes passées et présentes, plus d'un quart des bébés ne survivent pas à leur première année[3]. On peut dès lors imaginer que notre psychologie garde la trace de ce passé, même si l'environnement moderne a drastiquement réduit la mortalité infantile. Cela serait une raison supplémentaire pour préférer sauver les enfants aux bébés. Mais les données massives de Moral Machine ne confirment pas cette préférence. Faut-il essayer de comprendre pourquoi ? Nous n'avons même pas vraiment commencé à analyser nos données que nous sommes déjà perdus dans leurs possibles ramifications. À ce rythme, il va nous falloir des années, et des centaines de pages, pour rendre compte de l'apport de Moral Machine à la psychologie, à l'anthropologie, à la sociologie ou à l'économie – et c'est sans parler de notre but principal, qui est d'explorer la façon dont les citoyens veulent que les voitures sans conducteur soient programmées. La seule solution pour s'en sortir est de faire un choix radical : nous allons simplement décrire les préférences des utilisateurs de Moral Machine, sans jamais discuter l'intérêt de ces réponses pour les sciences sociales. Cette stratégie va à l'encontre de tout ce que l'on apprend aux scientifiques au début de leur carrière. Recueillir des données demande du temps et des efforts, il est donc rationnel pour les chercheurs d'en tirer le plus de conclusions possible dans leur article, d'en épuiser le potentiel. Mais les données de Moral Machine sont si riches que notre seule option est d'adopter la stratégie exactement contraire, en proposant une interprétation minimale.

Cela signifie qu'une fois notre premier article publié, les données de Moral Machine pourront servir à écrire des dizaines d'autres articles. Qui va les écrire ? D'ordinaire, la réponse serait simple : nous avons recueilli ces données, nous allons écrire les articles. Mais, encore une fois, la dimension atypique de Moral Machine nous fait réfléchir. Nous avons tous d'autres projets en cours, et nous ne souhaitons pas nécessairement exploiter les données de Moral Machine à plein temps, pendant dix ans, pour en tirer des publications à la chaîne. Qui plus est, il existe un mouvement d'ampleur au sein de la communauté scientifique, qui encourage les chercheurs à rendre leurs données publiques lorsqu'ils publient. Ce partage permet à leurs collègues de vérifier que les résultats sont solides, même après que ces résultats soient passés par le filtre d'une revue ; et partager les données accélère le progrès scientifique en permettant à d'autres chercheurs de s'en servir pour tester de nouvelles hypothèses. En rendant immédiatement publiques les données de Moral Machine, nous pourrons faire d'une pierre deux coups : rendre service à la communauté scientifique et aux décideurs publics, tout en encourageant d'autres équipes à explorer nos résultats pour en produire toutes les analyses que nous n'aurons pas le temps de conduire nous-mêmes. J'aimerais pouvoir dire que nous avons immédiatement fait ce choix vertueux. Mais, à la vérité, nous avons longuement hésité et changé souvent d'avis, car le temps, le travail et l'argent que nous avons investis dans ce projet nous ont rendu douloureuse l'idée d'en faire cadeau au monde entier. Ce n'est que dans la toute dernière ligne droite que nous avons, enfin, pris la décision de rendre toutes nos données publiques.

21
UN TOP 3 DE L'ÉTHIQUE

Pour mémoire, les scénarios d'accidents proposés par Moral Machine font varier les neuf dimensions évoquées au chapitre « Une course contre la montre » (page 60).

Notre première tâche est de calculer le poids de chacune d'elles dans les 40 millions de décisions enregistrées par les utilisateurs, en se servant de la méthode de l'analyse conjointe. Trois dimensions sortent largement en tête : l'espèce, le nombre et l'âge. Les utilisateurs de Moral Machine préfèrent sauver les vies humaines, le plus de vies possible et la vie des plus jeunes.

Ce top 3 est très intéressant à deux points de vue. D'abord, ces préférences sont techniquement réalisables : les capteurs des voitures ne peuvent pas détecter la profession ou le sexe d'un passant, mais ils peuvent distinguer les humains des animaux, compter les personnes avec une précision acceptable et détecter les enfants. Par ailleurs, ce top 3 illustre bien l'intérêt de comparer les préférences des citoyens aux recommandations des comités d'éthique, comme le comité allemand qui a rédigé le code de Berlin. Souvenez-vous : le code de Berlin dit que les vies humaines doivent toujours être préférées aux vies non humaines ; les citoyens du monde semblent en moyenne penser la même chose. Le code de Berlin ne sait pas dire s'il faut sauver le plus grand nombre ou non ; les citoyens du monde ont une idée plus précise sur la question. Enfin, le code de Berlin dit qu'il ne faut jamais décider qui sauver sur la base des caractéristiques individuelles des victimes, comme leur âge ; les citoyens du monde semblent en moyenne opposés à cette recommandation. Il ne s'agit pas de dire que les comités d'éthique devraient être remplacés par Moral Machine. Mais quand ces comités ne peuvent se mettre d'accord (comme sur la question du nombre), il peut être intéressant de se pencher sur les préférences de l'opinion publique. Et quand un comité d'éthique souhaite prendre une décision qui va fortement à l'encontre des préférences des citoyens (comme sur la question de l'âge), c'est son droit le plus strict*, mais il lui faut préparer un argumentaire complet et accessible pour s'efforcer de convaincre le public.

Deux autres préférences émergent ensuite, qui ne sont pas aussi fortes que celles du top 3, mais qui sont aisément identifiables. Tout d'abord, les utilisateurs de Moral Machine préfèrent sauver les piétons qui traversent quand ils y sont autorisés. De façon quantitativement comparable, les utilisateurs préfèrent épargner la vie d'un individu au statut social

---

* L'éthique est l'affaire de tous, mais prendre des décisions éthiques pour les autres demande une formation poussée et une expérience approfondie, surtout quand ces décisions influencent des politiques publiques aux conséquences massives, dans un domaine techniquement complexe.

élevé (un cadre) plutôt que celle d'un individu au statut social moins élevé (un sans-abri). Il y a quelque chose à la fois de fascinant et de dérangeant à observer que ces deux préférences ont la même intensité. Tout se passe en quelque sorte comme si la personne sans abri payait systématiquement une pénalité équivalente au fait de traverser au rouge. Ce résultat n'est pas très important du point de vue de la programmation des voitures sans conducteur – lesquelles ne peuvent pas, bien sûr, détecter qu'une personne est sans abri. Mais, à nos yeux, il joue un autre rôle ; il nous permet, comme prévu, d'illustrer les limites d'un exercice tel que Moral Machine pour informer les politiques publiques : les préférences des citoyens ne sont pas toujours acceptables d'un point de vue éthique, et l'ambition de Moral Machine n'est donc pas de remplacer les comités d'éthique. C'est ce que nous écrivons dans la première version de notre article ; mais comme je le raconterai plus tard, le processus de publication nous conduira à employer un langage plus neutre, et à ne pas condamner explicitement comme immorale, la préférence contre les personnes sans abri, en dépit de nos opinions personnelles sur la question.

Quatre préférences plus faibles complètent notre analyse : une pour sauver les athlètes plutôt que les personnes en surpoids ; une pour épargner les femmes ; une autre pour sauver les piétons plutôt que les passagers ; et enfin, à peine décelable, une préférence pour que la voiture aille tout droit plutôt que de changer de direction. La faiblesse de cette dernière est remarquable quand on connaît la littérature en psychologie morale. En effet, celle-ci a depuis longtemps identifié un « biais d'omission » dans le jugement moral : à conséquences égales, la population préfère ne pas agir et trouve plus moral de ne pas agir[1]. Transposé à notre problème, ce biais devrait se traduire par une préférence pour que la voiture aille tout droit. Nous observons bien cette préférence, mais elle est très faible – la plus faible de toutes celles que nous avons mesurées. Ce qui est pour le moins surprenant, au vu de ce que dit la littérature scientifique sur le biais d'omission. Cette littérature, toutefois, est fondée sur des expériences très contrôlées, qui ne font quasiment rien varier à part le fait d'agir ou de ne pas agir – dès lors, il n'est peut-être pas étonnant qu'elles détectent une forte préférence pour ne rien faire, dans la mesure où elles ne prennent en compte aucun autre facteur ! La force de Moral Machine est de combiner simultanément un grand nombre de critères, afin de mieux mesurer l'importance de chacun. Souvenez-vous : dans notre premier travail publié dans *Science*, nous ne faisions varier que le nombre de victimes potentielles, et nous avions trouvé un fort effet de ce facteur. L'un de nos buts en concevant Moral Machine était de savoir si ce facteur continuerait à être si important en faisant varier les caractéristiques personnelles desdites victimes – et c'est ce que nous avons trouvé. L'effet du nombre a *survécu* à l'épreuve de Moral Machine. Le biais d'omission a eu moins de succès.

Parmi les utilisateurs de Moral Machine, un demi-million a bien voulu nous fournir des informations précises les concernant : leur âge, leur sexe, leur éducation, leurs revenus, et leurs idées politiques et religieuses. L'étape suivante de notre analyse consiste à calculer si les réponses des utilisateurs sont influencées par ces caractéristiques personnelles. Et, à notre surprise relative, elles ne le sont pas : l'effet de chacune est négligeable. Par exemple, et c'est l'un des effets les plus notables, les femmes sont plus enclines à sauver des femmes, mais la différence est inférieure à 1 %. Aucune des neuf préférences globales que nous avons identifiées n'est renversée, ou même significativement réduite, par aucune des six caractéristiques personnelles que nous avons enregistrées.

Cela ne veut pas dire que tout le monde répond de la même façon à Moral Machine. Comme nous allons le voir bientôt, les réponses varient en fonction du pays d'origine. Mais, au sein de chaque pays, les hommes répondent comme les femmes, les plus jeunes comme les plus âgés, et ainsi de suite. L'effet cumulé des caractéristiques personnelles peut parfois générer des profils de réponses légèrement différents : le sexe, l'âge, les opinions religieuses n'ont que peu d'effet individuellement, mais ils peuvent s'ajouter les uns aux autres. Par exemple, une jeune femme athée sera légèrement plus encline, en moyenne, à sauver les animaux, qu'un homme âgé et religieux. Mais, même en additionnant ces trois effets, la différence ne dépasse pas les 2 %.

D'un point de vue pratique, ces résultats sont une bonne nouvelle pour notre projet. En effet, nous sommes conscients d'une faiblesse structurelle de Moral Machine : d'un point de vue démographique, nos utilisateurs ne reflètent pas la population générale. Deux tiers sont des hommes, ils ont en majorité moins de trente-cinq ans et la moitié d'entre eux a obtenu un diplôme universitaire. La composition de notre échantillon est donc biaisée par rapport à celle d'un échantillon représentatif de la population – par exemple, ceux qui sont utilisés pour les sondages d'opinion.

Bien entendu, nous n'avons pas vraiment eu le choix. Nous avons créé Moral Machine précisément parce que notre étude était trop complexe pour utiliser les méthodes de sondage traditionnelles. Notre pari était de créer une plateforme qui donne envie aux gens de participer et d'inviter leurs amis à faire de même, et de compter sur cette viralité pour recruter les centaines de milliers, voire les millions de participants dont nous avions besoin. Mais le corollaire de cette approche par la viralité est que nous n'avons pas eu la main sur la composition précise de notre échantillon d'utilisateurs. Cela aurait pu être un problème. Si par exemple nous avions observé que les femmes et les hommes répondaient de façon très différente, la surreprésentation masculine aurait été un handicap pour l'interprétation des données*. Le fait que les hommes répondent comme les femmes est donc très rassurant : il suggère que la composition biaisée de notre échantillon n'a pas une grande importance, dans la mesure où les caractéristiques personnelles des utilisateurs n'influencent pas leurs réponses. Nous pouvons donc passer à l'étape suivante : analyser ces réponses en fonction du pays d'origine.

* Cela n'aurait pas sonné le glas du projet, car il existe des techniques statistiques pour corriger ce genre de biais – comme nous le verrons bientôt. Mais cela nous aurait considérablement compliqué la tâche.

22 LES VARIATIONS CULTURELLES DE LA MORALE

Moral Machine a attiré des utilisateurs en provenance de 233 pays et territoires. Je dis « et territoires » car la presse a souvent écrit « 233 pays » tout court, ce qui a fait sourciller les lecteurs qui savent qu'il y a moins de 200 pays dans le monde. Mais notre base de données traite séparément, par exemple, la France métropolitaine et chacun des territoires français d'outre-mer – ce qui explique, entre autres exemples, comment nous arrivons au nombre de 233. Tous ces pays et territoires n'ont pas contribué à la même hauteur, bien entendu. Nous décidons donc de concentrer notre analyse culturelle sur les 130 pays et territoires qui ont fourni le plus de réponses.

Pour chacun, nous calculons un vecteur moral à neuf dimensions. Autrement dit, nous associons à chaque pays une liste de neuf scores, qui correspondent aux poids des neuf variables de Moral Machine dans les réponses produites par ce pays. Nous appliquons ensuite à ces 130 vecteurs une analyse de *clustering* hiérarchique (ou partitionnement de données), utilisant la distance euclidienne et la méthode de minimisation de variance de Ward. Pour le dire plus simplement, nous utilisons un algorithme qui cherche à former des blocs de pays dont les vecteurs moraux sont proches, et différents des vecteurs moraux observés dans les autres blocs. Il est important de noter que cet algorithme ne connaît pas la position géographique des pays, mais seulement leur vecteur moral. Nous sommes donc curieux de savoir si des pays voisins, ou culturellement proches, auront des profils moraux similaires…

La réponse est « oui », avec quelques nuances importantes. L'algorithme identifie trois grands blocs, qui contiennent eux-mêmes des sous-blocs. Le premier grand bloc est facilement reconnaissable : il correspond essentiellement à ce que l'on peut appeler les pays de l'Ouest, ou le monde occidental, et nous choisirons de l'appeler « Ouest ». On y trouve à peu près toute l'Europe avec, par exemple, un sous-bloc de tous les pays de culture protestante (Allemagne, Danemark, Finlande, Islande, Norvège, Pays-Bas, Suisse et Suède) ; mais on y trouve aussi un sous-bloc contenant le Royaume-Uni et ses anciennes colonies (Afrique du Sud, Australie, Canada, États-Unis et Nouvelle-Zélande). Cette structure est remarquable et rassurante : les réponses à Moral Machine semblent bien capturer des effets de proximité géographique, historique et religieuse entre pays.

Le deuxième grand bloc, que nous dénommons « Est », regroupe essentiellement des pays d'Asie et du Moyen-Orient, dessinant une zone à peu près rectangulaire allant de l'Égypte au Japon et de la Chine à l'Indonésie. Le troisième grand bloc, que nous baptiserons « Sud », est plus subtil. Il est séparé en deux sous-blocs : le premier contient toute l'Amérique du Sud ; le second interroge mes collègues. Y figurent par exemple la France métropolitaine, la Martinique, la Réunion, la Nouvelle-Calédonie, la Polynésie française, le Maroc et l'Algérie – et le lien entre ces pays et territoires ne leur semble pas immédiatement clair. Lecteurs français, j'imagine que le lien vous saute aux yeux, comme il a sauté aux miens. Le troisième bloc contient en majorité des territoires d'Amérique du Sud et des territoires liés à la France, encore aujourd'hui ou dans un passé pas si lointain.

Les trois blocs ont des vecteurs moraux différents, mais il est important de noter tout de suite que les neufs préférences globales (sauver les humains, le plus grand nombre, les plus jeunes, etc.) se retrouvent dans les trois. Ce qui change d'un bloc à l'autre, c'est l'intensité de ces préférences. Ainsi, le bloc Est est celui qui accorde le moins d'importance à l'âge. Les personnes âgées y sont davantage sacrifiées que les plus jeunes, mais moins que dans le reste du monde. De façon similaire, la préférence pour sauver les femmes est nettement plus forte dans le bloc Sud. Pour prendre un exemple plus complexe, imaginez une jeune femme cadre et athlétique, et un homme âgé, sans abri et en surpoids. Dans le bloc Sud, ces deux personnages fictifs auraient des probabilités extrêmement différentes d'être sauvés ; dans le bloc Ouest, des probabilités largement différentes ; et dans le bloc Est, des probabilités modérément différentes.

Ces variations culturelles sont très intéressantes, car elles soulignent la difficulté que nous pourrions avoir à adopter un code éthique mondial pour les voitures sans conducteur. Il existe bien des tentatives d'esquisser un code éthique mondial pour l'intelligence artificielle, par exemple (parmi beaucoup d'autres) les « principes d'Asilomar[1] ». Je ne vais pas me lancer dans un examen détaillé de ces codes, mais seulement souligner qu'ils insistent souvent sur la nécessité d'aligner le comportement des machines sur les valeurs morales humaines. Mais ce que les chercheurs en sciences sociales savent, et que ces codes sous-estiment, c'est que les valeurs morales humaines ne font pas l'objet d'un consensus universel. Une même personne peut avoir des intuitions morales incohérentes ; deux individus, des intuitions morales différentes ; et l'importance d'une valeur morale peut changer d'une culture à l'autre. Les données de Moral Machine mettent en lumière ces différences et nous rappellent qu'avant d'aligner le comportement des machines sur les valeurs morales humaines, il nous faudra nous doter des outils qui permettent de quantifier ces valeurs et leurs variations culturelles.

Idéalement, l'étape finale de notre article serait d'expliquer d'où viennent les variations culturelles que nous observons. Pourquoi les pays du bloc Est accordent-t-ils moins d'importance au nombre de personnes qui sont sauvées ou à leur âge ? Pourquoi les pays du bloc Sud accordent-ils davantage d'égard au statut social et moins d'intérêt au fait que les passants traversent au rouge piéton ?

Trouver la cause de toutes ces variations demanderait un travail colossal. En fait, chacune nécessiterait un article à part entière et un nouveau recueil de données. En sciences sociales, démontrer un lien causal est toujours difficile. Quand il est possible de mener une expérience en laboratoire, dans un environnement parfaitement contrôlé, on peut espérer montrer qu'une variable X cause un comportement Y. C'est le principe de la méthode expérimentale : si je change moi-même la valeur de X, que rien d'autre n'est modifié, et que ce changement augmente la fréquence du comportement Y, alors je suis en bonne position pour conclure que X est une cause de Y. Je suis encore plus rassuré si je peux recommencer l'expérience plusieurs fois et montrer qu'il est statistiquement improbable que mon premier succès soit lié à un coup de chance.

Imaginons maintenant que je veuille montrer que les pays du bloc Sud accordent davantage d'importance aux personnages de haut statut à cause du niveau élevé des inégalités économiques dans ces contrées. Je ne prends pas cet exemple au hasard : il se trouve que les inégalités économiques sont particulièrement élevées dans ces pays, et on peut imaginer que ces inégalités, intériorisées par les utilisateurs, se traduisent par un biais contre le sans-abri. Mais comment montrer un tel lien causal ? Ce n'est pas comme si je pouvais réduire ou augmenter le niveau d'inégalité économique, d'un coup de baguette magique, sans rien changer d'autre, et observer les conséquences de mon intervention sur les réponses à Moral Machine.

Les économistes sont sans arrêt confrontés à ce problème et ils ont développé tout un arsenal de techniques statistiques pour le contourner. Mais cela demande du temps et des données, et nous ne pouvons pas nous lancer dans un tel travail ; encore une fois, c'est la dimension atypique de Moral Machine qui nous pose problème. Explorer l'effet causal d'un paramètre macroéconomique sur une dimension de Moral Machine pourrait déjà faire l'objet d'un article entier. Il est tout simplement inconcevable de faire ce travail sur les neufs dimensions de Moral Machine, qui pourraient être chacune influencée par une demi-douzaine de paramètres.

Nous ne pouvons pourtant pas rester complètement silencieux sur les sources potentielles des variations culturelles que nous avons observées. Nous décidons donc de fournir aux lecteurs de simples corrélations, autrement dit des mesures de l'association statistique qui existe entre les caractéristiques socioéconomiques de chaque pays et les préférences exprimées par les utilisateurs en provenance de ces nations. Ainsi, nous écrivons qu'il existe une corrélation de 0,41 entre le degré d'inégalité économique dans un pays et l'importance du statut social des personnages dans les réponses à Moral Machine. La corrélation entre deux variables peut prendre une valeur entre -1 et +1. Plus elle est extrême, plus le lien est fort. Une corrélation de +1 signifie qu'il suffit de connaître la valeur d'une des deux variables pour prédire exactement la valeur de l'autre. Dans le domaine des sciences sociales, une corrélation de 0,41 est considérée comme « moyenne à élevée » : elle signifie que la valeur d'une des deux variables fournit une bonne information pour prédire celle de l'autre. Pour vous faire une idée, la corrélation qui existe entre la taille d'un adulte et la taille combinée de ses parents est légèrement inférieure à 0,5.

Notez que je me contente d'écrire que « connaître la valeur d'une des variables fournit une bonne information pour prédire celle de l'autre ». Cela ne prouve pas l'existence d'un lien causal entre les deux. Il existe par exemple une forte corrélation entre le nombre mensuel de noyades et les ventes mensuelles de crème glacée. Autrement dit, si vous me donnez le nombre de noyades observées dans un mois donné, je peux prédire assez correctement combien de glaces ont été vendues ce mois-là. Mais cela ne signifie pas que manger des glaces provoque des noyades. La corrélation reflète juste le fait que les gens se baignent davantage et mangent plus de glaces durant les mois les plus chauds. De même, nous nous gardons bien de dire que les inégalités économiques dans un pays sont la cause du biais contre le sans-abri dans Moral Machine, même si la corrélation est élevée.

La même prudence est nécessaire pour interpréter les autres corrélations ; comme, par exemple, cette corrélation de 0,50 entre le degré d'individualisme d'une société et le poids accordé à la vie de chaque individu dans les réponses à Moral Machine. Une société est dite individualiste lorsqu'elle valorise l'indépendance et la liberté de choix de ses membres, et la poursuite de la réussite personnelle. On oppose classiquement les sociétés individualistes aux sociétés collectivistes, qui valorisent les obligations de leurs membres les uns envers les autres et la poursuite de la réussite du groupe auquel ils appartiennent[2]. On ne classe pas chaque société dans une case ou l'autre : il s'agit plutôt de placer chacune sur un gradient qui va du pur individualisme au pur collectivisme. Ce que nous observons, c'est que plus une société valorise chaque individu isolément, plutôt que le collectif auquel ses membres appartiennent, plus ceux-ci font la différence entre sauver un ou deux individus dans Moral Machine.

Pour donner un dernier exemple, nous trouvons une corrélation de 0,30 (moyenne, donc) entre ce que l'on appelle « l'autorité de la loi » dans un pays et la tendance des utilisateurs de ce pays à sacrifier les personnes qui traversent au rouge piéton dans Moral Machine. L'autorité de la loi est une mesure de la confiance des citoyens dans la qualité de leurs services publics, de leurs lois et du pouvoir de leur gouvernement à appliquer ces lois[3]. Nous observons que les utilisateurs de Moral Machine qui vivent dans des pays où l'autorité de la loi est faible sont plus tolérants envers ceux qui traversent *mal* la rue. Encore une fois, il faut être prudent lorsque l'on interprète une corrélation, mais il est tentant ici de conclure que cette plus grande tolérance est liée au fait que ces utilisateurs ont l'habitude de voir leurs concitoyens enfreindre certaines règles, sans pour autant être sanctionnés.

23
« IL FAUT MONTRER DU SANG »

Nous passons plusieurs semaines à rédiger notre article, qui met en avant les quatre grands résultats que j'ai décrits dans les pages précédentes : les neuf préférences globales, les variations individuelles, les variations culturelles et les grandes corrélations socioéconomiques par pays. Nous ne disposons que de quatre ou cinq pages pour expliquer les objectifs de notre projet, sa méthode très inhabituelle, ses résultats et ses conclusions. C'est peu. Certes, nous pouvons joindre à l'article un supplément technique qui explique la façon dont Moral Machine génère ses scénarios, les détails mathématiques de notre analyse et certains résultats accessoires. Ce supplément technique enfle d'ailleurs chaque jour et dépasse bientôt les soixante pages. Cela nous fournit une bouffée d'oxygène, mais nous sommes toujours face au problème de décrire tous nos résultats principaux en trois pages. La clé pour y parvenir est de présenter visuellement ces résultats de façon compacte mais claire et agréable ; en un sens, d'en trouver la meilleure infographie. Heureusement, c'est là une tâche qui me passionne, et j'échange un nombre incalculable de messages avec les membres de l'équipe, qui travaillent sur ces visualisations – Edmond en particulier.

Après de longues négociations en interne sur chaque phrase, chaque figure et chaque référence bibliographique, le grand jour arrive. Le 2 mars 2018, nous soumettons notre article à *Nature*. Assez rapidement, nous passons la première épreuve : *Nature* nous informe que notre papier va être envoyé à plusieurs experts pour une évaluation détaillée. C'est déjà une victoire, dans la mesure où la très grande majorité des articles soumis à cette revue sont rejetés immédiatement par les éditeurs, sans un examen détaillé, simplement parce qu'ils ne semblent pas avoir assez de potentiel. D'un autre côté, après nos contacts préliminaires positifs avec *Nature*, nous aurions été dévastés de ne pas passer cette étape. L'attente commence donc. En principe, elle ne devrait pas être longue, car *Nature* a pour habitude d'évaluer les articles en quelques semaines. Mais, dans notre cas, les semaines passent, un mois, puis un mois et demi, et nous n'avons toujours pas de nouvelles. Nous entrons dans une période difficile où nous savons que chaque jour, chaque heure peut voir tomber la décision de la revue. Tous les matins, mon premier geste est d'allumer mon téléphone et de vérifier, l'esprit embrumé, si j'ai reçu un message de *Nature*.

Nous sommes par ailleurs sous la pression des journalistes. La viralité de Moral Machine les intéresse, et certains ont entendu dire que nous avions fini d'analyser les résultats. Nous sommes de plus en plus souvent sollicités pour leur donner une idée de ces résultats, mais nous temporisons à chaque fois. En effet, *Nature* applique une politique particulière pour ce qui est des relations avec les journalistes. Dans le but de maximiser l'impact médiatique le jour de la sortie de l'article, les auteurs dont le manuscrit est en cours d'évaluation ont interdiction d'en partager les résultats avec la presse. La revue se réserve le droit de refuser un article au motif que les auteurs auraient par trop cherché l'attention des journalistes, avant sa parution. Les règles sont subtiles, toutefois : si un journaliste décrit à l'avance les résultats d'un article, les auteurs peuvent plaider n'avoir jamais parlé avec ce média. Cette nuance nous permet de garder notre calme lorsque, le 21 mars, un journaliste de *Forbes* publie un article décrivant certains de nos résultats, accompagné de photos prises lors d'une conférence d'Iyad dans un forum académique, à Dubaï. Iyad n'a pas parlé à ce journaliste et ne lui a pas donné l'autorisation de prendre des photos de ses diapositives, encore moins de les publier. Nous n'y pouvons plus grand-chose, cependant, et nous pourrons toujours plaider notre bonne foi auprès de *Nature*, si jamais les fuites de ce genre se multiplient.

Je prends toutefois l'habitude, à partir de ce jour-là, d'exiger la confidentialité sur les résultats à chaque fois que je les présente dans un colloque ou une conférence. Après avoir expliqué les origines du projet et la plateforme Moral Machine, je demande poliment au public de ne pas prendre en photo mes diapositives et de ne pas discuter des résultats sur les réseaux sociaux. Au début, je me sens un peu ridicule de prendre ainsi des airs mystérieux d'espion international, mais je réalise que si je fais ma demande avec un peu d'humilité et d'humour, le public réagit bien. Je sens même parfois un frisson d'excitation parcourir l'auditoire, et il me semble que tout le monde joue volontiers le jeu. Une fois, une collègue me confiera que dans son coin de la salle, qui était particulièrement vaste ce jour-là, avec près de 2 000 personnes, un membre du public a sorti son téléphone pour prendre une photo des résultats, et que ses voisins l'ont immédiatement et vertement rappelé à l'ordre !

Plus de sept semaines ont passé et toujours pas de nouvelles de *Nature*. L'attente est interminable, mais je reçois une nouvelle qui me change les idées. Iyad m'informe qu'un poste de chercheur invité s'est ouvert au M.I.T. et veut savoir si je suis intéressé. Cela impliquerait de quitter la France pour Boston dans quelques mois et d'y rester un an – ce qui demande de trouver rapidement un appartement à Boston, une école pour mon fils, d'obtenir nos visas et de faire des douzaines d'autres démarches, avec un calendrier très serré... Ma famille et moi devons nous décider rapidement. Nous avons à peine le temps d'en parler que, deux jours plus tard, nous recevons la réponse de *Nature*.

Notre article n'est pas accepté – mais il n'est pas non plus rejeté. La revue a reçu les rapports de trois experts, et ils ont exprimé des avis divergents. Le premier a tellement aimé notre article que, chose rarissime, il ou elle suggère de le publier tel quel, sans modifications. Le deuxième exprime fermement sa conviction que notre article doit être publié, mais assortit cette recommandation d'une longue liste de critiques constructives. Ses critiques portent sur des approximations dans nos arguments, mais aussi sur la nécessité de conduire des analyses supplémentaires pour écarter la possibilité de certains biais dans nos résultats. Cet expert nous encourage également à ne pas porter de jugement de valeur sur les préférences exprimées par les utilisateurs de Moral Machine. Ainsi, nous écrivions dans notre première version que la préférence pour sacrifier le sans-abri était immorale. L'expert nous rappelle que nous ne sommes pas là pour donner une opinion personnelle sur ce qui est moral ou immoral, mais bien pour décrire de façon neutre les préférences que nous avons observées. C'est vrai et, en tant que psychologue, il aurait été préférable que je m'en souvienne. Nous réécrivons donc notre article en nous efforçant de ne pas condamner une préférence ou une autre – ce qui nous sera souvent reproché par la suite. Et le troisième expert, me direz-vous ? Le fameux troisième expert…

Le troisième expert est un personnage mythique pour les scientifiques. Pour une raison mystérieuse, le troisième expert est toujours celui qui déteste l'article. « Détester » est un mot trop faible. Le troisième expert aime écrire une très longue critique qui explique minutieusement en quoi chaque aspect de l'article est mauvais au point d'être irrécupérable, ponctuant chaque paragraphe d'un rire démoniaque.

Et nous n'échappons pas à cette malédiction. Rien dans notre article, ou dans le projet Moral Machine en général, ne trouve grâce aux yeux de notre troisième expert*. Il explique que notre travail n'apporte aucune contribution théorique, dans la mesure où tous nos résultats sont évidents et auraient pu être anticipés par n'importe qui. Ces données sont par ailleurs inutiles car rien ne prouve que les gens ne changeront pas d'avis quand les situations que nous décrivons commenceront réellement à se produire, c'est-à-dire quand les voitures

* Cher troisième expert, si vous lisez ce livre, tout est pardonné. En fait, je veux vous remercier. Vos critiques étaient sévères, mais elles étaient exprimées avec courtoisie, et il est clair que vous aviez lu attentivement notre article avant de les formuler.

se mettront à tuer des gens dans des situations de dilemmes. Par ailleurs, Moral Machine ne présente aucun intérêt car les scénarios d'accidents ne sont pas assez réalistes ; ils ne prennent pas en compte, par exemple, le fait qu'une voiture puisse ne pas être complètement certaine qu'un piéton soit un enfant ou un adulte. Enfin, on ne peut pas faire confiance à notre enquête, car notre échantillon ne reflète pas fidèlement la démographie de chaque pays. La bonne méthode aurait été de suivre la tradition des sociologues, en menant des entretiens en face à face, suivis de sondages auprès d'échantillons représentatifs de chaque population.

Nous disposons de réponses toutes prêtes pour la majorité de ces critiques. Parfois, nous sommes simplement en désaccord : par exemple, il nous semble absurde d'affirmer que nos résultats sont évidents ou qu'ils étaient entièrement prévisibles. D'autres fois, il nous faut simplement être plus clairs sur les choix que nous avons faits, par exemple celui de ne pas explorer les implications théoriques de nos résultats ; simplement parce que c'est impossible dans les quelques pages dont nous disposons. Il nous arrive même d'être partiellement d'accord avec le troisième expert. Ainsi, il est tout à fait vrai que l'opinion publique pourrait évoluer, après les premiers accidents impliquant une voiture sans conducteur en situation de dilemme – mais cela ne nous dispense pas de connaître l'état de l'opinion avant que les accidents se produisent, car c'est bien avant les accidents que les régulateurs devront proposer des lois et que les constructeurs auront à programmer les voitures. Nous admettons aussi que les scénarios de Moral Machine sont simplifiés. Mais nous en avons déjà 26 millions, et chaque complication additionnelle ferait exploser le nombre de combinaisons.

Le problème avec ces réponses, c'est qu'elles ne nous demandent pas de travail supplémentaire : elles peuvent donner l'impression que nous ne prenons pas suffisamment au sérieux les critiques du troisième expert. Une phrase revient souvent dans nos conversations : « Il faut montrer du sang. » Autrement dit, il faut montrer que nous n'avons pas ménagé nos efforts pour satisfaire le troisième expert. C'est pour cette raison que nous passons deux semaines à débattre d'une seule décision : devons-nous essayer de faire passer le test Moral Machine à un échantillon nationalement représentatif, afin de montrer que les résultats sont en gros les mêmes qu'avec notre échantillon non représentatif ?

Nous avons confiance en nos résultats et nous sommes certains qu'ils seraient les mêmes avec un échantillon représentatif. Souvenez-vous : nous savons que les réponses à Moral Machine sont identiques dans tous les groupes démographiques, par exemple entre les hommes et les femmes. Une façon d'étoffer mathématiquement cette intuition est de conduire ce que l'on appelle une analyse de « poststratification ». Cette analyse consiste à obtenir des données démographiques fines pour un pays donné, afin d'identifier la proportion de chaque groupe dans sa population (par exemple, quelle est la proportion de femmes américaines entre trente et cinquante ans qui ont un revenu annuel de plus de 75 000 dollars et qui ne sont pas allées à l'université ?), de comparer ces proportions à celles de notre échantillon et de sur- ou sous-pondérer les réponses de chaque groupe pour donner une importance plus grande à celles des groupes sous-représentés, et une importance moindre à celles des groupes surreprésentés. Nous ne pouvons pas faire cette analyse pour chaque pays représenté dans Moral Machine, car nous ne disposons pas suffisamment de données fines sur la démographie de toutes ces contrées. Mais nous avons des données fines sur la démographie des États-Unis, suffisamment pour faire une analyse de poststratification, et cette dernière montre que nos résultats ne sont pas biaisés par notre échantillon non représentatif. Cela suffira-t-il, ou devons-nous nous lancer dans la longue et complexe création d'une nouvelle version de Moral Machine, adaptée aux méthodes traditionnelles d'enquête sociologique ?

Au cours d'une ultime réunion par Skype, Azim, Iyad et moi tournons le problème dans tous les sens, et nous finissons par conclure que le jeu n'en vaut pas la chandelle. Moral Machine est un projet atypique, et il ne servira à rien de vouloir le compléter par un ersatz traditionnel. Nous décidons de décrire notre analyse de poststratification dans l'annexe technique de notre article, mais de ne pas nous lancer dans un nouveau recueil de données auprès d'échantillons représentatifs. Un étrange silence règne à la fin de cette réunion : nous n'avons plus rien à nous dire, mais aucun de nous ne raccroche. Nous nous regardons sans mot dire, à travers nos écrans ; nous sommes conscients d'avoir pris une décision lourde de conséquences inconnues. En clair, nous venons peut-être de couper court à nos chances de publication dans *Nature*.

Une fois cette décision prise, tout s'accélère. Le 21 juin 2018, nous envoyons à *Nature* la version modifiée de notre article, et je retourne à mes préparatifs d'expatriation. Ma famille et moi avons décidé d'accepter l'invitation du M.I.T. et de nous installer à Boston pour un an, et nous avons tellement de choses à faire et de documents à obtenir que je n'ai pas le temps de m'inquiéter du devenir de l'article sur Moral

Machine. L'été passe en coup de vent. Le 29 août, quelques heures avant de prendre notre avion pour Boston, la nouvelle tombe : *Nature* accepte notre article. J'aimerais pouvoir dire que cette nouvelle m'a réjoui, mais elle est arrivée à un moment où j'étais si préoccupé par notre départ imminent que je l'ai à peine enregistrée. L'important, toutefois, c'est que nous allons enfin pouvoir dévoiler publiquement nos résultats, et que nous devons nous y préparer avant la sortie de l'article, prévue le 1er novembre.

24
IL FAUT PRENDRE NOS RESPONSABILITÉS

Toutes proportions gardées, la sortie d'un article comme celui sur Moral Machine ressemble au lancement d'un album ou d'un film. Ainsi, *Nature* nous envoie une équipe pour tourner un minireportage sur Moral Machine ; une sorte de bande-annonce qui sera diffusée sur le web pour le lancement de l'article. Comme il est probable que la publication soit beaucoup reprise dans les médias, nous travaillons tous à son lancement avec nos services de presse respectifs. Je commence à préparer le dossier de presse pour la France, avec l'aide du C.N.R.S. et de mon centre de recherche, la Toulouse School of Economics. Sohan, lui, travaille dur sur un site Internet que nous voulons lancer en même temps que l'article[1]. Ce site doit permettre aux journalistes et au grand public d'explorer facilement les résultats de Moral Machine, pays par pays, en cliquant sur une carte du monde. Le site doit aussi permettre de comparer les réponses de deux pays. Cela nous demande de développer des mesures de similarité qui ne figurent pas dans l'article lui-même. Ainsi, si vous vous rendez sur le site et que vous cliquez sur la Bulgarie et la Grèce, vous obtiendrez des informations détaillées sur les réponses de ces deux pays, mais aussi des résumés comme « la Bulgarie et la Grèce sont extrêmement similaires » ou « la Bulgarie est la plus similaire à l'Italie et la plus différente du Japon ».

Tout ceci prend du temps, et nous voyons la date fatidique approcher à grands pas. En principe, le dossier de presse est envoyé aux journalistes une petite semaine avant la publication, pour leur laisser le temps de nous interviewer et d'écrire leurs articles à l'avance. Notre publication étant prévue pour le 1er novembre, il nous faut être prêts le 25 octobre pour le début des interviews. Pour une fois, tout semble se passer très bien. Nous avons convenablement géré notre temps, au point que je prévois quelques jours de vacances en famille à New York, avant le 25 octobre, pour nous changer les idées avant le marathon Moral Machine. Le 17 octobre, notre site Internet est prêt, avec un peu d'avance. Nous avons encore beaucoup de petites choses à finaliser pour le dossier de presse, mais nous sommes dans les temps. Sauf que… le 18 octobre, *Nature* nous informe que la publication de notre article est avancée d'une semaine. Le dossier de presse doit donc être prêt le lendemain, et nos interviews commenceront dans deux jours.

Nous passons aussitôt en mode « alerte rouge ». J'hésite un moment à annuler mes vacances, mais le décalage horaire me sauve : comme je parle essentiellement aux médias français, je peux me lever tôt chaque matin, passer deux heures au téléphone avec les journalistes depuis mon hôtel et rejoindre ma famille pour le petit déjeuner. Les jours passent, les interviews s'enchaînent, l'article paraît, et la couverture médiatique est favorable. C'est un soulagement car nous savons tous qu'il serait facile de nous faire un faux procès ; par exemple, nous reprocher de vouloir programmer les voitures pour tuer les pauvres ou les personnes en surpoids. À longueur d'interviews, nous insistons systématiquement sur notre message principal : nous ne faisons que rapporter les préférences exprimées par les utilisateurs de Moral Machine ; nous ne proposons pas d'appliquer aveuglément ces préférences pour programmer les voitures.

Nous sommes bien rôdés pour expliquer ceci à la presse, quand nous avons tout le temps pour nous exprimer. L'exercice est plus difficile en direct à la télévision. Ainsi, début novembre, je suis invité sur le plateau de *Quotidien*, l'émission de Yann Barthès : pas question de faire dans la nuance ou de longues explications. Je suis terrifié à l'idée de prononcer une phrase qui, hors contexte, puisse paraître horriblement choquante. Les choses ne s'arrangent pas pour moi quand Yann lance le sujet des variations culturelles, en me demandant : « En Colombie, ils n'aiment pas les pauvres, c'est bien ça ? Ils tuent les pauvres ? » ; et que je rame désespérément pour expliquer que non, mais en un sens oui, mais pas seulement en Colombie, mais qu'un peu plus en Colombie quand même[2]. Pour ajouter à ma nervosité, il est prévu de faire une séquence « Playlist » à la fin de l'émission, pour laquelle j'ai donné ma chanson préférée, la chanson que j'ai un peu honte d'aimer[3], et… ma chanson préférée pour une nuit d'amour. Heureusement, nous prenons un peu de retard et nous n'avons plus le temps pour cette séquence, ce qui m'évite d'expliquer mes choix musicoérotiques à deux millions de téléspectateurs !

Nous savons bien qu'en dépit de toutes nos précautions, nous ne pourrons complètement éviter les incompréhensions autour de notre projet. Parfois, nous ne sommes pas aidés. Ainsi, le 3 novembre, le Forum économique mondial émet un curieux tweet à l'intention de ses trois millions d'abonnés. Sans aucune mise en contexte, le tweet dit : « Une voiture autonome a le choix de qui va mourir lors d'un accident fatal. Voici les considérations éthiques. » L'image qui accompagne ce tweet est la figure où nous montrons quels personnages sont les plus sauvés et les plus sacrifiés par les utilisateurs de Moral Machine. Le bébé, les enfants et la femme enceinte sont tout en haut ; le sans-abri, les personnes âgées, le chien, le criminel et le chat sont tout en bas. Le tweet et l'image semblent suggérer que les jeux sont faits, que quelqu'un, quelque part, a déjà décidé, sur la base d'une *éthique* arbitraire, qui devait vivre et qui devait mourir. Ce tweet déclenche un torrent de sarcasmes et de colère. Les sarcasmes soulignent la naïveté qu'il y aurait à imaginer que les voitures puissent détecter les criminels, ou juger qu'une personne est sans abri. La colère est alimentée par l'idée qu'un organisme comme le Forum économique mondial puisse s'arroger le droit de considérer que la vie d'une personne âgée ou sans domicile fixe ne vaut presque rien, ou que la vie d'un criminel vaut moins que celle d'un chien.

Nous nous efforçons systématiquement de dissocier Moral Machine de ce genre d'interprétations délirantes. Nous avons la sensation, toutefois, que nous n'en finirons jamais d'expliquer que non, Moral Machine ne dit pas qui doit vivre ou mourir. Chaque semaine ou presque, nous voyons fleurir des attaques ou des critiques qui nous prêtent des intentions normatives (décider de ce qui est moral ou immoral sur la base de nos résultats), ou prescriptives (dicter les choix industriels et les politiques publiques sur la base de nos résultats).

Considérer nos résultats comme normatifs reviendrait à dire ceci : il n'existe pas de définition objective de ce qui est moral ou immoral ; la morale est une construction sociale, limitée dans l'espace et dans le temps. Par conséquent, ce qui est moral est ce que la population juge moral, ici et maintenant. Moral Machine serait donc l'arbitre et l'étalon de la morale. À titre personnel, cette interprétation me paraît folle, mais ce débat philosophique me dépasse. Tout ce que nous pouvons faire, mes coauteurs et moi, est de dire que nous n'avons jamais eu une telle ambition !

Considérer nos résultats comme prescriptifs reviendrait à adopter une version à peine plus faible de leur emploi : puisque les gens ne sont pas unanimes quant à ce qui est moral ou immoral, et qu'ils sont tous concernés par les choix politiques et industriels qui seront faits en matière d'éthique des voitures sans conducteur, alors nous devons suivre l'opinion de la majorité, quelle que soit cette opinion. Encore une fois, nous n'avons jamais eu cette intention. Nous avons voulu donner un rôle à l'opinion publique dans le débat, mais nous n'avons jamais voulu clore le débat sur la base de l'opinion publique. Nous pensons qu'il est important pour les experts et les décideurs d'avoir connaissance de l'opinion publique, mais nous n'avons pas voulu leur lier les mains.

La position la plus confortable pour nous serait, bien sûr, de ne plus jamais dire un mot sur l'utilisation de nos résultats par les décideurs publics. Nous avons fait notre travail de scientifiques, nous avons produit la plus grande base de données morales de l'histoire, et la prudence voudrait que nous nous retirions maintenant du débat, en laissant les décideurs faire ce qu'ils veulent de nos résultats. Pourtant, une petite voix continue à me dire que nous devons prendre nos responsabilités, et nous efforcer de contribuer aux décisions politiques qui vont être prises dans le domaine des voitures sans conducteur.

Ce conflit entre la prudence et la volonté de servir, il m'a fallu le résoudre en 2019, lorsque la Commission européenne m'a demandé de prendre la présidence du groupe sur l'éthique des voitures sans conducteur. Me fallait-il refuser, et conserver ma confortable position d'observateur des débats, ou bien m'engager, et travailler avec les autres membres du groupe à écrire des recommandations pour la politique européenne ? J'ai fait le choix d'accepter.

25
ET MAINTENANT ?

L'éthique des voitures sans conducteur est un sujet sans fin. L'avènement de la conduite automatique est une véritable disruption, avec de telles ramifications, que ses conséquences donnent le vertige. Quels en seront les effets sur l'architecture de nos villes et l'infrastructure de nos routes ? Sur la pollution ? Quels bouleversements du marché de l'emploi ? Quel avenir pour la confidentialité de nos déplacements ? Toutes ces questions peuvent soulever des débats éthiques. J'ai fait le choix dans ce livre de me concentrer sur un domaine particulier de l'éthique des véhicules autonomes, celui des accidents que nous allons les autoriser à avoir. Les voitures sans conducteur auront des accidents, c'est une certitude. En auront-elles moins que les conducteurs humains ? Oui, car il ne serait pas acceptable de les mettre sur le marché si elles étaient plus dangereuses que les humains. Mais, dans la mesure où elles n'élimineront jamais tous les accidents, la première question à se poser est de savoir quel niveau de sécurité nous voulons atteindre avant de les autoriser à circuler massivement sur nos routes.

Cette question est complexe, car elle a une dimension morale, une dimension méthodologique et une dimension psychologique. D'un point de vue moral, est-il acceptable que les voitures sans conducteur fassent des victimes, et combien ? Il serait tentant d'adopter une approche purement « conséquentialiste » pour répondre à cette question ; en clair : du moment que les véhicules autonomes tuent moins que les conducteurs humains, alors peu importe qu'ils tuent, car les conséquences nettes sont positives. Ce calcul est pourtant moins simple qu'il n'y paraît. Imaginez, par exemple, que les voitures sans conducteur soient 30 % plus fiables que les conducteurs humains. Et, pour simplifier, que les conducteurs humains parcourent un milliard de kilomètres par an et tuent 7 personnes. Sur la même distance, les voitures sans conducteur n'en tueraient que 5. Imaginez maintenant que tous les humains passent aux voitures sans conducteur et que, découvrant à quel point il est confortable de laisser l'automobile conduire toute seule, ils commencent à rouler deux fois plus. En un an, nous passerions de 7 morts sur les routes (un milliard de kilomètres parcourus par des humains) à 10 (deux milliards de kilomètres parcourus par des voitures sans conducteur). Est-ce que cela est préférable ?

Peut-être que oui. Mais ce calcul statistique n'épuise pas les considérations éthiques : si les voitures sans conducteur ne tuent que 5 personnes en un an, là où les humains en auraient tué 7 (soit 2 victimes de moins), peut-être que parmi ces victimes, certaines auraient survécu si elles avaient conduit elles-mêmes. Est-il alors moralement acceptable que ces personnes soient ainsi sacrifiées pour le bien du plus grand nombre ?

Encore une fois, peut-être que oui. Il me semble qu'un consensus est en train de se créer autour de l'argument statistique : dès lors que les voitures sans conducteur diminuent statistiquement le nombre d'accidents par kilomètre parcouru, il est moralement acceptable de les autoriser sur les routes. Mais, même si nous acceptons cet argument, il ne sera pas facile de l'appliquer. Comme nous l'avons vu, les accidents sont rares et les voitures autonomes peu nombreuses. Pour démontrer qu'elles sont statistiquement moins accidentogènes que les humains, il faudra soit en augmenter le nombre sur les routes, pour obtenir davantage de données, soit imaginer de nouvelles méthodes pour estimer leur probabilité d'avoir un accident.

Et quand bien même nous pourrions démontrer que les véhicules autonomes ont moins (ou un peu moins) d'accidents que les humains, et que nous les autorisons sur les routes et sur le marché, il restera une barrière psychologique à leur adoption. Nous pourrons peut-être démontrer que ces voitures ont moins d'accidents que le conducteur moyen ; mais les automobilistes humains, comme nous l'avons vu, surestiment largement la sécurité de leur conduite. Qui achètera une voiture 20 % plus sûre que le conducteur moyen, quand la plupart des conducteurs se perçoivent comme 80 % plus sûrs que la moyenne ?

Par conséquent, si nous pensons (et c'est mon avis) qu'il est moralement acceptable et même impératif d'utiliser la conduite autonome pour sauver des vies, alors nous devons nous lancer dans un vaste programme éthique, technique et psychologique qui nous permettra de fixer des objectifs de sécurité à l'industrie, de doter les agences de régulation des outils nécessaires pour les évaluer et d'aider les citoyens à comprendre ces objectifs et à faire un choix éclairé, quand le moment viendra pour eux d'adopter ou non la conduite autonome.

Mais tout ceci ne répond qu'à la première question posée par la conduite autonome : combien d'accidents les voitures sans conducteur seront-elles autorisées à avoir ? La deuxième question est encore plus difficile : quels accidents voulons-nous éliminer en priorité ? Autrement dit, quelles sont les vies que nous souhaitons protéger en premier ? Celles des passagers, des piétons, des cyclistes, des enfants ? Cette question est au cœur du projet Moral Machine, dont j'ai longuement expliqué les résultats. En conclusion de ce livre, je veux expliquer pourquoi il faut aller au-delà des résultats de Moral Machine et nous concentrer sur le « problème du tramway statistique[1] ».

Tout le monde s'accorde, moi le premier, pour reconnaître que les scénarios de Moral Machine sont extrêmement improbables. La voiture doit choisir, en un instant donné, entre deux victimes car l'accident est, de toute façon, inévitable. Ce n'est pas comme cela que les choses se passent dans la vraie vie. Au quotidien, les voitures sans conducteur ne choisiront pas qui elles doivent écraser. Elles ne feront que légèrement modifier, à chaque instant, le risque encouru par les différents usagers de la route. Si vous voulez dépasser un cycliste alors qu'une voiture s'apprête à vous croiser, la position latérale que vous allez adopter détermine le risque encouru par la personne sur son vélo, par l'autre voiture et par vous-même. Par exemple, moins vous laissez de place au cycliste en le dépassant, plus vous augmentez son risque, tout en diminuant le vôtre et celui de l'autre voiture. Mais le risque reste faible, et la probabilité d'accident tout autant : même si vous ne laissez que très peu de place aux cyclistes à chaque fois que vous les dépassez, vous pouvez rouler toute votre vie sans jamais en blesser un.

Mais considérez maintenant le problème du point de vue des voitures sans conducteur. Si elles laissent systématiquement peu de place aux cyclistes, alors elles auront statistiquement (un peu) plus de chances de les blesser. L'effet cumulé de ces décisions, prises par des dizaines de milliers de voitures parcourant des dizaines de milliers de kilomètres, se ressentira dans les statistiques annuelles d'accidents de la route : un peu moins de victimes parmi les passagers, un peu plus parmi les cyclistes. C'est ce que nous (Azim, Iyad et moi) avons appelé le problème du tramway statistique : il ne s'agit pas pour la voiture de décider qui mettre en danger quand l'accident est déjà inévitable, mais de décider qui aura statistiquement plus de chance d'être un jour victime d'un accident.

Ce calcul ne concerne pas uniquement les cyclistes, les automobilistes ou les piétons. Il s'applique aussi, par exemple, aux enfants. Dans leur livre consacré aux pionniers de la conduite autonome[2], Lawrence D. Burns et Christopher Shulgan rapportent que le logiciel du projet « Chauffeur » (le premier prototype de voiture sans conducteur développé par Google) a été entraîné à détecter les enfants et à s'attendre à un comportement plus impulsif de leur part. Ainsi, le logiciel a été conçu pour se méfier d'un enfant qui s'approche de la route et qui pourrait décider de traverser en courant, là où un adulte attendrait sur le trottoir. Cet entraînement, bien sûr, ne peut servir qu'un objectif : laisser plus de marge de manœuvre aux enfants, pour diminuer leur risque d'accident. Mais, comme nous l'avons vu dans l'exemple du cycliste, réduire le risque pour un usager de la route signifie souvent augmenter (même légèrement) celui d'un autre. Le problème du tramway statistique consiste à décider si un tel transfert de risque est acceptable.

Est-il concevable de légiférer sur ce problème ? Il existe un précédent dans l'histoire de l'automobile, celui de l'interdiction des pare-buffles – cette protection posée à l'avant d'une voiture, prenant la forme d'un ou plusieurs gros tubes métalliques. Comme son nom l'indique, il est destiné à protéger la carlingue des impacts avec des gros animaux ; et il est donc essentiellement utile dans des régions bien spécifiques d'Australie ou d'Afrique. Dans une zone urbaine, son utilité est moins claire. Certes, il offre une protection légèrement accrue aux passagers de la voiture ; mais il augmente aussi le risque de blessure pour les piétons ou les cyclistes. En 1996, un rapport britannique[3] a tenté d'estimer ce risque. Le calcul était difficile, mais les experts ont conclu que les pare-buffles étaient la cause de deux ou trois décès supplémentaires parmi les piétons, en un an, au Royaume-Uni.

On peut donc conclure que les pare-buffles augmentent très légèrement le danger encouru par les piétons. Le transfert de risque est très faible, mais ce rapport a déclenché un long processus de test et de législation, qui s'est achevé par une interdiction globale des pare-buffles au sein de l'Union européenne. Que faut-il retenir de cette histoire ? D'abord, qu'une caractéristique mécanique de la voiture peut amener à transférer le risque d'une catégorie d'usagers à une autre : ici, des passagers vers les piétons. Ensuite, que cela peut être considéré comme un problème éthique : est-il moralement acceptable d'augmenter le risque pour les piétons pour protéger les passagers, et à partir de quand ce transfert de risque devient-il inacceptable ? Enfin, qu'il est possible de légiférer sur la base de cette réflexion éthique et d'interdire une certaine caractéristique mécanique de la voiture parce qu'elle entraîne un transfert de risque jugé inacceptable.

Rien ne nous empêche donc, en principe, d'appliquer la même stratégie aux caractéristiques informatiques d'une voiture sans conducteur. La programmation de la voiture peut causer des transferts de risque : nous devons décider de ceux qui sont acceptables ou inacceptables et nous pouvons légiférer en interdisant les transferts de risque qui nous semblent inacceptables. En pratique, toutefois, cette stratégie se heurte à plusieurs problèmes. D'abord, le programme d'une voiture sans conducteur est nettement plus complexe qu'une grosse barre de métal fixée à l'avant de la voiture. Le transfert de risque généré par ce programme sera le résultat d'une myriade de petites décisions et de petites interactions avec l'environnement, et il sera difficile à prédire. La tâche des constructeurs sera d'autant plus difficile que les contraintes imposées seront précises.

Ensuite, nous n'avons aucune idée de ce qui serait une répartition *juste* des accidents. Tout ce que nous avons, ce sont les statistiques actuelles des victimes d'accidents de la route, par catégorie d'usagers. Nous pourrions bien sûr demander aux constructeurs de ne pas trop s'en écarter et donc de minimiser les transferts de risque, mais quel serait le fondement éthique de cette décision ? L'accidentologie actuelle ne reflète pas une réflexion morale ; elle est seulement le produit des réflexes des automobilistes et de l'environnement dans lequel ils conduisent. Pourquoi alors leur donner une légitimité morale et exiger que les voitures sans conducteur, tout en ayant moins d'accidents, aient les mêmes accidents que les humains ?

Nous touchons ici au cœur de la révolution morale que nous imposent les voitures sans conducteur. Jusqu'à présent, nous avions peu de raisons de nous demander si la répartition des accidents était juste ou injuste, parce que nous ne pouvions pas vraiment la changer. Il ne servait à rien de demander aux conducteurs humains d'ajuster leur conduite de façon à ce que les statistiques changent. Les choses sont différentes avec les voitures sans conducteur, dont la programmation peut, elle, être ajustée de façon à ce que les statistiques changent. Ce nouveau pouvoir nous confère une nouvelle responsabilité. On peut bien sûr s'en effrayer, regretter d'avoir donné naissance à ces voitures qui en savent trop et qui nous posent des questions dont nous nous serions bien passé. Mais il ne faut pas oublier la promesse fondamentale de cette technologie, qui est de sauver des vies. À nous maintenant de faire preuve de courage et de décider ensemble quelles vies nous voulons sauver.

NOTES BIBLIOGRAPHIQUES

2. Dubaï, mai 2015

1. Crandall J. W., Rahwan I., *et al.*, « *Cooperating with machines* », *Nature Communications*, vol. 9, n° 233, 2018.

2. Bonnefon J.-F., Hopfensitz A., et De Neys W., « *Can we detect cooperators by looking at their face ?* », *Current Directions in Psychological Science*, vol. 26, n° 3, 14 juin 2017, p. 276-281.

3. Foot P., « *The problem of abortion and the doctrine of double effect* », *Oxford Review*, n° 5, 1967, p. 5-15.

4. Kamm F. M., « *Harming some to save others* », *Philosophical Studies*, vol. 57, n° 3, novembre 1989, p. 227-260.

5. Trémolière B., Kaminski G., et Bonnefon J.-F., « *Intrasexual competition shapes men's anti-utilitarian moral decisions* », *Evolutionary Psychological Science*, vol. 1, n° 1, mars 2015, p. 18-22.

6. Friesdorf R., Conway P., et Gawronski B., « *Gender differences in responses to moral dilemmas : a process dissociation analysis* », *Personality and Social Psychology Bulletin*, vol. 41, n° 5, mai 2015, p. 696-713.

7. Bartels D. M., et Pizarro D. A., « *The mismeasure of morals : Antisocial personality traits predict utilitarian responses to moral dilemmas* », *Cognition*, vol. 121, n° 1, octobre 2011, p. 154-161.

3. Le rire de Merlin

1. Pickard G., Pentland A., *et al.*, « *Time-critical social mobilization* », *Science*, vol. 334, n° 6055, 2011, p. 509-512.

2. Stefanovitch N., Alshamsi A., Cebrian M., et Rahwan I., « *Error and attack tolerance of collective problem solving : The DARPA Shredder Challenge* », *EPJ Data Science*, vol. 3, n° 13, 2014, p. 1-27.

3. Rahwan I., Cebrian M., *et al.*, « *Global manhunt pushes the limits of social mobilization* », *Computer*, vol. 46, n° 4, avril 2013, p. 68-75.

4. Les bonnes questions

1. Ciencin Henriquez J., « *The accident no one talked about* », *The New York Times*, 31 mars 2017.

7. « Programmées pour tuer »

1. https://www.technologyreview.com/

2. « *Why self-driving cars must be programmed to kill* », *MIT Technology Review*, 22 octobre 2015.

8. Dilemme social

1. Sondage « Grippe : les Français favorables à l'obligation de vaccination des personnels soignants », Odoxa, L'Opinion tranchée pour la M.N.H., *Le Figaro* et France Inter, 26 janvier 2017.

10. La naissance de Moral Machine

1. https://journeynorth.org/

2. https://www.zooniverse.org/projects/zookeeper/galaxy-zoo/

13. L'emballement

1. « *AM I A GOOD PERSON?* », chaîne YouTube *PewDiePie*, 14 juin 2017.

2. Tversky A., et Kahneman D., « *Availability : A heuristic for judging frequency and probability* », *Cognitive Psychology*, vol. 5, n° 2, septembre 1973, p. 207-232.

3. Finucane M. L., Alhakami A., Slovic P., et Johnson S. M., « *The affect heuristic in judgments of risks and benefits* », *Journal of Behavioral Decision Making*, vol. 13, n° 1, mars 2000, p. 1-17.

4. Bonnefon J.-F., Shariff A., et Rahwan I., « *The moral psychology of AI and the ethical opt-out problem* », dans Liao S. M. (dir.), *The Ethics of Artificial Intelligence*, Oxford University Press, 2019.

14. Mercedes-Benz *vs* Barack Obama

1. Dadich S., « *Barack Obama, neural nets, self-driving cars, and the future of the world* », *Wired*, novembre 2016.

2. Taylor M., « *Self-driving Mercedes-Benz will prioritize occupant safety over pedestrians* », *Car and Driver*, 7 octobre 2016.

3. McCarthy K., « *Mercedes answers autonomous car moral dilemma : Yeah, we'll just run over pedestrians* », *The Register : Biting the hand that feeds IT*, 12 octobre 2016.

4. Li T., et Cheer L., « *Mercedes-Benz admits automated driverless cars would run over a CHILD rather than swerve and risk injuring the passengers inside* », *Daily Mail Australia*, 14 octobre 2016.

15. Le code de Berlin

1. Luetge C., « *The German ethics code for automated and connected driving* », *Philosophy and Technology*, vol. 30, n° 4, 2017, p. 547-558.

2. Baumstark L., Dervaux B., et Treich N., « Éléments pour une révision de la valeur de la vie humaine », Commissariat général à la stratégie et à la prospective, avril 2013.

3. Capitaine L., Van Assche K., Pennings G., et Sterckx S., « *Pediatric priority in kidney allocation : challenging its acceptability* », *Transplant International*, vol. 27, n° 6, juin 2014, p. 533-540.

4. Hübner D., et White L., « *Crash algorithms for autonomous cars : How the trolley problem can move us beyond harm minimisation* », *Ethical Theory and Moral Practice*, vol. 21, nº 3, juillet 2018, p. 685-698.

5. Greene J. D., Sommerville R. B., Nystrom L. E., Darley J. M., et Cohen J. D., « *An fMRI investigation of emotional engagement in moral judgment* », *Science*, vol. 293, nº 5537, 14 septembre 2001, p. 2105-2108.

6. Hübner D., et White L., art. cité.

16. 90 % des accidents

1. Dingus T. A., Hankey J., *et al.*, « *Driver crash risk factors and prevalence evaluation using naturalistic driving data* », *Proceedings of the National Academy of Sciences*, vol. 113, nº 10, 8 mars 2016, p. 2636-2641.

2. Noy I. Y., Shinar D., et Horrey W. J., « *Automated driving : safety blind spots* », *Safety Science*, vol. 102, février 2018, p. 68-78.

3. Kalra N., et Groves D. G., « *The enemy of good : Estimating the cost of waiting for nearly perfect automated vehicles* », RAND Corporation, 7 novembre 2017.

4. Fraade-Blanar L., Blumenthal M. S., Anderson J. M., et Kalra N., « *Measuring automated vehicle safety : Forging a framework* », RAND Corporation, 2018.

5. Noy I. Y., Shinar D., et Horrey W. J., art. cité.

6. Prenzler C., « *New survey compares demographic of Tesla Model X* vs. *Model S buyer* », Teslarati, 12 janvier 2017.

7. Kalra N., et Paddock S. M., « *Driving to safet : How many miles of driving would it take to demonstrate autonomous vehicle reliability ?* », *Transportation Research. Part A : Policy and Practice*, vol. 94, décembre 2016, p. 182-193.

18. L'accident Uber

1. Une semaine plus tard, le *Guardian* consacrait un article à cet accident, que l'on peut encore consulter en ligne : « *The UK's first fatal car accident* », *The Guardian*, 26 août 1896.

2. Attention, ces images peuvent choquer : « *Uber dashcam footage shows lead up to fatal self-driving crash* », chaîne YouTube *Guardian News*, 21 mars 2018.

19. Qui a peur des voitures sans conducteur ?

1. Dunning D., Heath C., et Suls J. M., « *Flawed self-assessment : Implications for health, education, and the workplace* », *Psychological Science in the Public Interest*, vol. 5, n° 3, décembre 2004, p. 69-106.

2. Cross P. K., « *Not can, but will college teaching be improved ?* », *New Directions for Higher Education*, vol. 1977, n° 17, printemps 1977, p. 1-15.

3. Svenson O., « *Are we all less risky and more skillful than our fellow drivers ?* », *Acta Psychologica*, vol. 47, n° 2, février 1981, p. 143-148 ; McCormick I. A., Walkey F. H., et Green D. E., « *Comparative perceptions of driver ability – a confirmation and expansion* », *Accident Analysis & Prevention*, vol. 18, n° 3, juin 1986, p. 205-208 ; Horswill M. S., Waylen A. E., et Tofield M. I., « *Drivers' ratings of different components of their own driving skill : A greater illusion of superiority for skills that relate to accident involvement* », *Journal of Applied Social Psychology*, vol. 34, 2004, p. 177-195.

4. Amado S., Arikan E., Kaça G., Koyuncu M., et Turkan B. N., « *How accurately do drivers evaluate their own driving behavior ? An on-road observational study* », *Accident Analysis & Prevention*, vol. 63, février 2014, p. 65-73.

20. 40 millions de réponses

1. Goodwin G. P., et Landy J. F., « *Valuing different human lives* », *Journal of Experimental Psychology : General*, vol. 143, n° 2, avril 2014, p. 778-803.

2. Hill K., « *Life history theory and evolutionary anthropology* », *Evolutionary Anthropology : Issues, News, and Reviews*, vol. 2, n° 3, 1993, p. 78-88.

3. Volk A. A., et Atkinson J. A., « *Infant and child death in the human environment of evolutionary adaptation* », *Evolution and Human Behavior*, vol. 34, nº 3, mai 2013, p. 182-192.

21. Un top 3 de l'éthique

1. Spranca M., Minsk E., et Baron J., « *Omission and commission in judgment and choice* », *Journal of Experimental Social Psychology*, vol. 27, nº 1, janvier 1991, p. 76-105 ; Cushman F., Young L., et Hauser M., « *The role of conscious reasoning and intuition in moral judgment : Testing three principles of harm* », *Psychological Science*, vol. 17, nº 12, décembre 2006, p. 1082-1089 ; DeScioli P., Christner J., et Kurzban R., « *The omission strategy* », *Psychological Science*, vol. 22, nº 4, 3 mars 2011, p. 442-446.

22. Les variations culturelles de la morale

1. « *Asilomar AI principles* », Future of Life Institute, 2017.

2. Oyserman D., Coon H. M., et Kemmelmeier M., « *Rethinking individualism and collectivism : evaluation of theoretical assumptions and meta-analyses* », *Psychological Bulletin*, vol. 128, nº 1, 2002, p. 3-72.

3. Kaufmann D., Kraay A., et Mastruzzi M., « *The worldwide governance indicators : methodology and analytical issues* », *Hague Journal on the Rule of Law*, vol. 3, nº 2, juin 2011, p. 220-246.

24. Il faut prendre nos responsabilités

1. http://moralmachineresults.scalablecoop.org/

2. « Jean-François Bonnefon interroge notre morale », invité de l'émission *Quotidien* du 8 novembre 2018.

3. *Allô, Allô, monsieur l'ordinateur*, Dorothée, 1985.

25. Et maintenant ?

1. Bonnefon J.-F., Shariff A., et Rahwan I., « *The trolley, the bull bar, and why engineers should care about the ethics of autonomous cars* », *Proceedings of the IEEE*, vol. 107, nº 3, 2019.

2. Burns L. D., et Shulgan C., *Autonomy : The Quest to Build the Driverless Car – And How It Will Reshape Our World*, Ecco, 2018.

3. Hardy B. J., « *A study of accidents involving bull bar equipped vehicles* », *Transportation Research Laboratory*, rapport n° 243, janvier 1996.

humenSciences

À retrouver sur : www.humensciences.com

Déjà paru en août 2019

Pr. Pascal Pujol

Voulez-vous savoir ?

Ce que nos gènes disent de notre santé

Avec la collaboration de Benjamin Peylet

28 août 2019 / 15 × 22 cm / 192 p.

Nos prédispositions génétiques touchent le cancer comme les maladies cardiaques ou certaines pathologies rares que l'on peut transmettre à ses enfants sans en être atteint soi-même. Les progrès de la génétique permettent aujourd'hui de prédire un nombre croissant de ces maladies afin de mieux les soigner en les dépistant plus tôt, voire de les éviter. En parallèle, l'avènement d'une médecine de précision basée sur la génomique offre des traitements « personnalisés » qui transforment des chances de rémission faibles en guérison pour la plupart des malades. Des chimiothérapies peuvent être évitées.

Mais pour les maladies qui restent sans solution pour l'instant, la seule option est celle du diagnostic avant la naissance. Jusqu'où faut-il aller ? Que dire à cette jeune femme porteuse d'un gène héréditaire de cancer du sein ? Et à ce couple de non-voyants qui demande un diagnostic prénatal parce qu'ils veulent « un enfant qui voit » ? Eugénisme ?

Faut-il étendre les tests génétiques à la population générale ? Quelle est la pertinence des tests commerciaux ? Et d'ailleurs, à qui appartiennent nos données génétiques ?

Pour aider à répondre à ces questions, l'auteur, professeur de médecine, nous amène dans ses consultations et nous fait vivre les situations auxquelles il est quotidiennement confronté.

La médecine vit une révolution et cela nous concerne tous.

Le professeur **Pascal Pujol** est généticien cancérologue, il dirige le service d'oncologie du CHU de Montpellier, et préside la Société française de médecine prédictive et personnalisée.

Déjà parus en septembre 2019

André Brack

Mars, notre passé et notre avenir

4 septembre 2019 / 15 × 22 cm / 160 p.

Et si nous descendions tous de Mars ? Un scénario en apparence digne de la science-fiction et pourtant pris au sérieux par les scientifiques. La vie aurait été transportée sous forme de bactéries, par des météorites, à travers le Système solaire jusqu'à la Terre.

Mars aurait donc abrité des organismes vivants il y a plusieurs milliards d'années. Mais de cette vie, que reste-t-il ? Sous quelle forme ? Et comment la chercher ? C'est le but poursuivi par l'exobiologie. Une science fascinante qui pose des questions passionnantes. Imaginez un instant que nous détections ces traces de vie, aurons-nous alors trouvé nos très lointaines racines ou une seconde genèse de la vie ?

Après avoir été au commencement, Mars pourrait aussi bien être notre avenir. À condition toutefois de l'atteindre, au terme d'un très long voyage, puis de réussir à en faire une « Terre » d'asile habitable.

Un défi technologique et humain qui n'a jamais été autant d'actualité : l'exploration spatiale repart de plus belle, objectif Mars cette fois !

La quatrième planète du Système solaire n'a pas fini de nous faire fantasmer.

André Brack est directeur de recherche honoraire au centre de biophysique moléculaire du CNRS à Orléans, consultant du groupe Exobiologie du CNES, président d'honneur du réseau européen d'astrobiologie et membre d'honneur de l'Institut d'astrobiologie de la NASA. Il a participé à plusieurs missions scientifiques.

Mai Thi Nguyen-Kim
Tout est chimie dans notre vie
Traduit de l'allemand par Marie-Céline Trivier-Georg
11 septembre 2019 / 15 × 22 cm / 272 p.

Comment le dentifrice agit-il sur nos dents, les effets du café sur notre cerveau, l'incroyable chimie des odeurs corporelles, les molécules du stress, pourquoi dit-on « brûler ses graisses »…

La chimie est partout et personne ne vous l'avait dit !

Mai Thi Nguyen-Kim, jeune chimiste passionnée, nous invite, le temps d'une journée, à parcourir le laboratoire de chimie qu'est notre vie, jusqu'à notre propre microbiome, un écosystème encore plus fort que le microbiote.

L'occasion de découvertes surprenantes sur ce qui se passe dans la salle de bain, la cuisine, à la salle de sport ou la cafétéria, et sur les outils et produits que nous utilisons tous les jours.

Des connaissances parfaitement accessibles, illustrées par 40 dessins.

Attention, ce livre exerce une attraction chimiquement pure !

Mai Thi Nguyen-Kim est une chimiste allemande. Elle est aussi une passeuse de sciences. Sa chaîne YouTube, *The secret life of scientists*, a déjà attiré plus de 52 000 abonnés.

Pierre Rigaux
Pas de fusils dans la nature
Les réponses aux chasseurs
Préface de Nicolas Hulot
18 septembre 2019 / 15 × 22 cm / 288 p.

Non, les chasseurs ne sont pas, comme ils le proclament, les « premiers écologistes de France ». Non, la chasse ne protège pas la nature.

Grâce à une approche scientifique, documentée, implacable, ce livre démontre à quel point la chasse est un désastre écologique.

L'élimination des animaux dits « nuisibles » qui ne le sont en fait pas, les « régulations » censées garantir un équilibre écologique qui ciblent certaines espèces en voie de disparition, les réserves naturelles gérées par les chasseurs, le vrai scandale du sanglier…

Au terme d'une enquête inédite, avec des exemples de terrain dans toute la France, l'auteur livre toutes les données scientifiques, les chiffres vérifiés, et nous révèle le coût caché de la chasse en termes de perte de biodiversité, d'impacts sur l'environnement et de fracture sociale.

On peut aimer la nature sans tuer les animaux.

Pierre Rigaux est biologiste de formation, naturaliste spécialisé dans les mammifères et les oiseaux, et grand connaisseur de la faune sauvage.

À paraître en octobre 2019

Anatole Lécuyer
Votre cerveau est un super-héros
Quand les nouvelles technologies révèlent nos capacités insoupçonnées
9 octobre 2019 / 15 × 22 cm / 216 p.

Et si vous aviez des yeux dans le dos, un corps virtuel plus jeune, la faculté de déplacer des objets en vous concentrant ou de voyager dans le temps et l'espace... De nouvelles technologies sont désormais capables de nous plonger dans une autre réalité, à la fois totalement imaginaire et hyperréaliste, de nous faire ressentir des sensations inédites.

Incroyablement perturbantes pour nos sens, puissamment attractives, elles permettent aussi aux chercheurs de mieux comprendre comment fonctionne notre cerveau.

Ces dispositifs fascinants, qui s'appellent casques de réalité virtuelle ou interfaces neuronales, arrivent dans notre quotidien, notamment via les industries du jeu et des loisirs. Demain, ils pourraient participer à l'éducation de nos enfants, compenser des handicaps physiques ou soigner des maladies telles que la dépression.

Réalité virtuelle, vous n'avez encore rien vu !

Anatole Lécuyer est directeur de recherche à l'Inria, l'Institut national de recherche dédié aux sciences du numérique. Spécialiste mondialement reconnu de la réalité virtuelle, son équipe a notamment conçu OpenViBE, un logiciel qui permet de contrôler des objets par le cerveau.

Catherine Bréchignac et Arnaud Benedetti
Le progrès est-il dangereux ?
Dialogue contre les idées reçues
23 octobre 2019 / 15 × 22 cm / 176 p.

Le progrès est une flèche qui déchire les consciences. Quel partage des eaux incite certains d'entre nous à s'en faire les artisans et d'autres les contempteurs ?

Au fil d'un dialogue riche en références, en échappées, en digressions, l'une des plus grandes scientifiques françaises, la physicienne Catherine Bréchignac, se confronte aux objections, appréhensions et résistances d'Arnaud Benedetti, professeur associé en histoire de la communication à Paris-Sorbonne.

En se saisissant de 7 grands enjeux de notre époque (les écrans, la communication, les *fake news*, l'intelligence artificielle, le transhumanisme, la planète et les limites), ils s'interrogent sur la vitesse, le temps, la politique, la science, notre rapport à la technologie, la nature, etc. Mais le fil directeur de leur dialogue les ramène toujours à la question du progrès : quand l'un doute, l'autre explique ; quand l'un s'inquiète, l'autre rassure ; quand l'un en appelle à une forme d'irrationalité incompressible, l'autre souligne le rôle de la raison.

Un face à face détonnant qui fait de ce livre un objet à part : à la fois essai, controverse et récit.

Parce que la peur ne rend pas plus intelligent…

Catherine Bréchignac, ancienne directrice du CNRS, est aujourd'hui secrétaire perpétuel honoraire de l'Académie des sciences et ambassadrice déléguée à la science, la technologie et l'innovation.

Arnaud Benedetti, professeur associé à Paris-Sorbonne, ancien directeur de la communication de l'Inserm, du CNES et du CNRS, est le rédacteur en chef de la *Revue politique et parlementaire*.

Cet ouvrage a été mis en pages par IGS-CP (16).

Cet ouvrage a été achevé d'imprimer en septembre 2019
dans les ateliers de Normandie Roto Impression s.a.s.
61250 Lonrai (Orne)
N° d'imprimeur : 1903352

Imprimé en France